www.tredition.de

AF202137

Ava Nitsche

Zwischen Fernweh und Heimweh

Als Hamburgerin in einem kanadischen Vorort

www.tredition.de

© 2021 Ava Nitsche

Verlag & Druck: tredition GmbH, Halenreie 40-44, 22359 Hamburg

978-3-347-38269-5(Paperback)
978-3-347-38270-1(Hardcover)
978-3-347-38271-8(e-Book)

Gedankenkarussell

Wenn mir noch vor vier Jahren jemand gesagt, dass ich einmal hier landen würde, hätte ich ihn nur mitleidig belächelt. Dieser Gedanke schießt mir durch den Kopf, während ich auf dem Weg von dem kleinen Strand zu meinem derzeitigen Zuhause bin. Als ich die Straße entlang gehe, blicke ich auf die Grundstücke, an denen ich vorbeigehe. Saftige grüne Wiesen, auf denen Häuser und Bäume von beträchtlicher Größe stehen. Ich nehme den Duft von frisch gemähtem Gras war und versuche die Ruhe, die ich wahrnehme, auf mein Innerstes zu übertragen. Alles scheint so friedlich hier, aber in mir drinnen sieht es ganz anders aus. Gedanken kreisen durch meinen Kopf, meine Gefühle sind ein Gemisch von Liebe, Frieden, Wehmut, Trauer, Wut, und Angst. Während ich weiter die Häuser an der Straße passiere, frage ich mich, welches Innenleben sie haben. Welche Menschen wohnen dort, sind sie glücklich und zufrieden mit ihrem Leben, oder haben sie auch mit Konflikten zu kämpfen, sowohl mit sich selbst als auch mit ihren Mitmenschen? Ich selbst bin ein einziger Konflikt, so scheint es mir. Nach nunmehr über einem halben Jahr in Kanada weiß ich immer noch nicht, wie es weiter gehen soll. In einem Monat werde ich wieder nach Hamburg fliegen, sofern denn alles glatt läuft. Gerade noch zähle ich die Tage bis zu meinem Abflug, und im nächsten Moment denke ich, dass ich es sehr schön hier finde und lieber hier bleiben möchte. Ich befinde mich sowohl gedanklich als auch gefühlsmäßig zwischen zwei Welten. Mein Leben in Hamburg, so wie es noch vor einem Jahr war, kommt mir manchmal Lichtjahre entfernt vor, und dennoch sehne ich mich nach meiner gemütlichen Zwei-Zimmer-Wohnung, meinen Freunden, meinem Sport und ab und zu auch danach, allein zu sein. Mein derzeitiges Leben in Kanada ist komplett anders. Manchmal finde ich es schön, und manchmal nervt es mich. Wo gehöre ich hin? Wo ist mein Zuhause? Was wird die Zukunft für mich bringen? Ich suche im Internet nach Jobmöglichkeiten, sowohl in Hamburg als auch hier in Kanada, wobei ich bei letzterem nicht einmal weiß, ob ich in die Suche Saint John oder Halifax eingeben soll.

Die Corona-Krise hat uns weltweit im Griff und meine Pläne, die ich hatte, komplett durchkreuzt. Ich wollte das Leben hier ausprobieren, mich nach Jobs umsehen, ehrenamtlich arbeiten, und im Land herumreisen. Kanada ist riesig, und es gibt soviel zu sehen, aber ich bin momentan auf einen kleinen Teil des Landes beschränkt, von dem vermutlich viele Menschen noch nie in ihrem Leben gehört haben. New Brunswick ist nicht gerade ein Touristenmagnet, und Quispamsis sucht man im Reiseführer vergebens. Aber genau das ist der Ort, auf dem sich mein Leben zur Zeit beschränkt. Während ich diese Zeilen schreibe, sitze ich in meinem Arbeitszimmer, sehe aus dem Fester in den Garten und frage mich zum hundertsten Mal: Wie geht' s weiter?

Wie alles begann

Es ist Montagmorgen, und ich betrete mit meinem beladenen Frühstücksteller die Außenterrasse des Hotelrestaurants. Ich möchte draußen sitzen, denn es sind bereits jetzt an die 30 Grad. Ein Platz im Schatten wäre schön, da die kubanische Sonne bereits am Morgen zu heiß für meine norddeutsche Haut ist und ich mir nicht gleich am ersten Tag einen Sonnenbrand holen möchte. Ich bin zwar schon länger auf Kuba, aber die ersten zwei Wochen habe ich eine Rundreise mit einer Gruppe gemacht. Wir sind durch den Regenwald gewandert, waren Fahrradfahren im Vinales Tal und saßen viel im Bus. Nun freue ich mich auf die Woche im All-Inclusive-Hotel, an der ich nichts weiter tun wollte, als im Meer zu baden, mich zu sonnen, Bücher zu lesen und das gute Essen zu genießen. Eine Frau aus meiner Reisegruppe winkt zu mir, die einen Platz in einer Ecke der mit Sonnenschirmen ausgestatteten Terrasse ergattert hat, und ich gehe zielstrebig auf sie zu. Dabei passiere ich einen Tisch, an dem zwei Männer sitzen, einer von ihnen blickt in meine Richtung. Er sieht gut aus, ist sportlich durchtrainiert und hat grüne Augen und eine interessante Ausstrahlung, die mich in den Bann zieht. Ich lächele ihn an und gehe weiter, ohne auch nur die geringste Ahnung zu haben, das dieser kurze Blickkontakt mein Leben verändern wird.

Noch am selben Nachmittag besuche ich einen Zumba-Kurs, der in dem Hotel angeboten wird. Die Trainerin heißt Julia und kommt aus Kanada. Sie erzählt mir, dass es eine Organisation gibt, die Zumba-Trainern die Möglichkeit anbietet, Kurse in ihren Ressorts zu geben und dafür zu einem günstigen Preis in dem Hotel Urlaub machen zu können. Ihr Lebensgefährte Stephen, der draußen gesessen und eine Zeitung gelesen hat kommt nach dem Kurs ebenfalls dazu, und wir unterhalten uns eine Weile, ohne dass ich eine Ahnung habe, wie diese Begegnung mit meiner morgigen im Zusammenhang steht.

Am Abend sitze ich in der Piano-Bar des Hotels, die ich bereits am Tag zuvor aufgesucht hatte und faszinierend finde. Die Gäste sitzen auf Barstühlen rund herum am Piano und können sich aus einer Mappe mit Liedtexten etwas aussuchen. Der Piano-Spieler stimmt das Lied an, und die Gäste singen mit. Ich bin total in meinem Element und genieße die gute-Laune-Stimmung, die hier herrscht, während ich versuche, den Song, so gut ich kann, mitzusingen. Plötzlich nehme ich eine Bewegung neben mir wahr und blicke von der Mappe mit den Liedtexten auf. Ein Mann mit sportlicher Erscheinung und grünen Augen setzt sich neben mich. Der Unbekannte vom Frühstück, denke ich, und freue mich, ihn wiederzusehen. Er berührt meinen Arm, und ich spüre die Gänsehaut auf meiner Haut. „Name?", fragt er. „My name?", frage ich zurück und sehe ihn erwartungsvoll an. „Do you know the name of the piano-player?"

„No", antworte ich und versuche, mir meine Enttäuschung nicht anmerken zu lassen.

Er nimmt die Mappe mit den Liedtexten, gibt sie dem Piano-Spieler und deutet auf die aufgeschlagene Seite. Kurze Zeit später erklingen die ersten Töne von „Piano man", Billy Joel. Der Mann neben mir beginnt zu singen, und wirft hin und wieder verstohlene Blicke in meine Richtung. Wir wechseln ein paar Worte, wobei ich mich für mein zu dieser Zeit noch unterirdisches Englisch ein wenig schäme. Er heißt Daniel und erzählt mir, dass er aus dem Osten von Kanada kommt und zum ersten Mal seit langem Urlaub macht. Sein Blick wird ein wenig traurig, aber da wir uns kaum kennen, möchte nicht näher nachfragen, was der Grund dafür ist. Als er erfährt, dass ich aus Deutschland angereist bin, schaut er mich respektvoll an.

„Such a long flight", meint er. „I would never fly so far away."

Er steht auf und geht auf die Terrasse.

Raucher, denke ich und widme mich wieder der Musik. Da der Piano-Spieler Pause hat, wird ein

Stück vom Band gespielt, und eine der Frauen, die hinter der Bar arbeiten, fängt an zu tanzen. Ohne lange nachzudenken, geselle ich mir zu ihr und lasse die Hüften schwingen, während ich gleichzeitig immer wieder zu der Terrassentür schiele, aber von Daniel ist nichts in Sicht. Da ich langsam müde werde und für den nächsten Tag einen Trip nach Havanna gebucht habe, verlasse ich die Bar und begebe mich auf mein Zimmer.

Einen Abend später treffe ich Daniel zusammen mit Julia und Stephen in der Hotellobby. Nun erfahre ich, dass Daniel der Bruder von Stephen ist, welcher ihn überredet hat, mit ihm und seiner Lebensgefährtin nach Kuba zu reisen. Wir setzen uns zusammen, bestellen etwas zu trinken, und ich unterhalte mich mit Julia angeregt über Zumba. Dabei kann ich es nicht lassen, hin und wieder zu Daniel zu schauen. Als die Kanadier mich fragen, aus welcher Region Deutschlands ich komme, erzähle ich ihnen stolz von meiner Heimatstadt Hamburg.

„The most beautiful city in Germany", sage ich, und Daniel murmelt leise etwas vor sich hin und grinst mich an.

„What did you say?" frage ich ihn, und er meint, das sei nicht so wichtig gewesen, aber ich lasse nicht locker.

„Everyone says that about his home town."

„But I say the truth." Ich werfe ihm einen vielsagenden Blick aus zusammengekniffenen Augen zu.

Am nächsten Morgen, als ich mich nach dem Frühstück an den Strand begebe und mich suchend nach einer Liege umsehe, winkt Daniel mir zu.

„You should take off your sun glasses, so that I can see your beautiful eyes!"

Charming boy, denke ich, während ich auf ihn zugehe, vor seiner Liege stehen bleibe und seinen muskulösen Körper betrachte.

„Im looking for a sunbed", sage ich, blicke mich erneut um und muss feststellen, dass bereits alles Sonnenliegen belegt sind.

Daniel erhebt sich und geht zu dem Vip-Bereich, in dem noch Liegen frei sind. Er schnappt sich eine und fragt mich, wo ich sie platziert haben möchte. Ich deute auf den vorderen Bereich direkt am Wasser. Nachdem er die Liege dort abgestellt hat, hält er die Hand auf.

„One Cuc", sagt er und grinst mich an.

Ich schaufele ihm etwas Sand in seine Hand und grinse zurück.

Während ich mich auf der Liege in der Sonne aale, werfe ich hin und wieder einen Blick zu in seine Richtung und stelle fest, dass er dasselbe tut. Nach einer Weile nehme ich meinen Mut zusammen, stehe auf und frage ihn, ob er mit mir schwimmen gehen möchte. Er schlägt vor, gemeinsam zu schnorcheln. Es gibt am Hotelstrand kostenlos einen Schnorchelset, und ich willige ein, obwohl ich kein Fan von Unterwasseraktivitäten bin. Der Angestellt fragt nach unseren Schuhgrößen.

„41", antworte ich wahrheitsgemäß und registriere, wie Daniel einen Blick auf meine Füße wirft und sich anschließend ein Grinsen über sein Gesicht ausbreitet.

„At least I can not fall down", sage ich und stapfe in Richtung Meer.

Es stellt sich schnell heraus, dass ich in der Tat nichts fürs Schnorcheln geboren wurde. Ich kann mich nicht damit anfreunden, diese eng anliegende Maske auf meinem Gesicht zu haben und ziehe es vor, mit meinem Kopf über Wasser zu bleiben. Trotzdem genieße ich es, in Daniels Nähe zu sein und mich mit ihm zu unterhalten.

„No husband in Germany?", fragt er mich, als wir aus dem Wasser in Richtung Strand gehen.

„No.", antworte ich.

„German men must be stupid." Daniel sieht mich an. „Or blind."

Ich spüre mein Herz schneller schlagen.

An meinem letzten Tag veranstaltet das Hotel einen kubanischen Nachmittag. Nachdem ich schwimmen war, geselle ich mich dazu und entdecke schon nach kurzer Zeit die drei Kanadier. Sie sitzen zusammen mit einem Paar aus England. Julia hat heute Geburtstag, so dass es einen Grund gibt, schon am Nachmittag einen Drink zu nehmen. Ich sitze neben Daniel, der ein Hawaii-Hemd trägt und fühle mich sehr wohl. Stephen macht ein Foto von uns, und ich strahle in die Kamera.

An meinem Abreisetag entdecke ich Daniel beim Frühstück und frage, ob ich mich zu ihm setzen darf. Da ich erst am Abend von einem Taxi, das mich zum Flughafen bringen soll, abgeholt werde, freue ich mich auf einen weiteren Tag am Strand mit Daniel, aber meine Erwartungen werden enttäuscht. Ich erfahre, dass er mit Stephen und

Julia eine Tour nach Havanna gebucht hat, die den ganzen Tag dauern wird. Mein Herz wird bei dem Gedanken, Daniel nie wieder sehen, schwer.

„You are a wonderful woman", sagt er, als er mich zum Abschied ganz fest umarmt.

Ich checke aus und verbringe meinen letzten Tag am kubanischen Strand, aber ich kann ihn irgendwie nicht genießen. Immer wieder schweifen meine Gedanken zu diesem charismatischen Kanadier, und ich spürte ein leichtes Kribbeln in der Magengegend. Nach meinem Strandtag dusche ich und warte in dem Empfangsbereich des Hotes auf mein Taxi, das mich zum Flughafen bringen soll und hoffe, dass Daniel mit seinem Bruder und seiner Schwägerin vor meiner Abholung auftauchen. In dem Moment, als ich schon alle Hoffnung aufgegeben habe, erscheinen sie in der Hotelhalle. Ich kann die Steine förmlich aufprallen hören, die mir vor Erleichterung vom Herzen fallen. Aber was nun? Soll ich ihn nach seiner Telefonnummer fragen? Daniel reicht mir ein Stück Papier, auf das ich ihm meine email-Adresse schreibe. Das Taxi kommt, und wir umarmen uns erneut. Als ich losfahre, winke ich den dreien zu und frage mich, ob ich ihn je wiedersehen würde.

Meine Sorgen sind unbegründet. Einen Tag nach meiner Ankunft bekomme ich die erste email: „Home safe", Ziemlich kurz und distanziert, denke ich, aber ich schreibe zurück. So entwickelt sich ein regelmäßiger email-Verkehr, und wir lernen uns näher kennen. Dann kommt der Tag, an dem wir zum ersten Mal miteinander telefonieren. Es ist ein Dienstagabend, kurz vor meinem Jazztanz-Training. Es ist so schön, seine Stimme zu hören, und erneut verspüre ich ein Kribbeln in der Magengegend, während ich mir wünsche, das Telefonat würde nie enden. An diesem Abend komme ich zum ersten Mal zu spät zum Training, und es macht mir überhaupt nichts aus.

„Was ist Dir denn Schönes passiert?", fragt eine meiner Tanzkolleginnen, als ich mich noch immer mit einem Lächeln im Gesicht in der Umkleidekabine umziehe.

„Ich hatte einen Anruf." Ich erzähle ihr von meiner Begegnung, und sie ist sofort Feuer und Flamme und will jedes Detail wissen.

Daniel und ich telefonieren nun fast jeden Tag, und es fühlt sich fast so an, als wären wir bereits ein Paar. Schon bald stelle ich allerdings fest, dass sich unsere Leben wie Tag und Nacht unterscheiden. Ich lebe in einer Eigentumswohnung in Hamburg, arbeite in meinem Hauptjob in einer Unfallversicherung, in meinem Zweitjob als Fitnesstrainerin in Sportvereinen, treffe mich mit Freunden, gehe in Restaurants und Bars, bin ständig unterwegs und komme oftmals nur zum schlafen nach Hause. Daniel hingegen lebt in einem Haus in Quispamsis, einem Vorort von Saint John in New Brunswick, verbringt die meiste Zeit dort allein mit seinem Hund und seinem Kater, arbeitet viel im Garten und geht nur ab und an mal mit seiner Tochter und dessen Lebensgefährten essen.

Es könnte schwierig mit uns werden, aber ich schiebe meine Bedenken beiseite, und nach einiger Zeit kann ich Daniel dazu überreden, mich in Hamburg zu besuchen. Der Kanadier, der Angst vor langen Flügen über Wasser hat, niemals auf anderen Kontinenten war und keine andere Sprache als englisch spricht, ist bereit, sich auf eine lange Reise nach Deutschland zu begeben. Nachdem wir uns über einen Zeitpunkt geeinigt haben, bucht er den Flug, und ich nehme mir eine Woche Urlaub, um diesen seit langem zum ersten Mal in Hamburg zu verbringen.

Love is in the air

Der Ankunftsbereich am Hamburger Flughafen ist gut besucht. Ich gehe an den Menschenmassen vorbei und platziere mich in die erste Reihe. Jedes Mal, wenn sich die Tür, die die Wartenden von den Ankommenden trennt, öffnet, klopft mein Herz schneller. Ich beobachte die Menschen, die ankommen, beladen mit Gepäck, manche mit Sonnenhüten und braun gebrannt, andere in schicken Anzügen und eher blass und müde. Ein halbe Stunde vergeht, und immer noch ist derjenige, den ich erwarte, nicht in Sicht. Hat sich der Flieger verspätet? Ich checke die Ankunftstafel und stelle fest, dass das Flugzeug aus London planmäßig gelandet ist. Wo ist er? Hat er es sich anders überlegt und ist zu Hause geblieben? War es zu forsch, ihn einzuladen? In dem Moment, als ich schon all meinen Mut verloren habe und mich frage, ob ich einfach gehen soll, öffnet sich die Tür, und ein sportlicher Mann mit grünen Augen erscheint. Daniel entdeckt mich sofort, wir lächeln uns an, und ich gehe um die Absperrung herum, um ihn zu begrüßen.

„Welcome in Hamburg", sage ich, und Daniel schließt mich in seine Arme. Wir küssen uns das erste Mal, und es fühlt sich genau so an, wie ich es vorgestellt habe. Ich bin überglücklich. Hand in Hand verlassen wir das Flugzeuggebäude und fahren zu mir nach Hause. Ich bin ein wenig aufgeregt und frage mich, ob er meine Wohnung mag, aber meine Sorgen sind unbegründet. Er ist sehr angetan und mag insbesondere, dass ich viele Bücher im Regal stehen habe.

Es wird eine wundervolle Woche. Hamburg glänzt mit Sonne satt, und es sind sommerliche 25 Grad, obwohl gerade erst Mai ist. Nachdem wir den ersten Tag bei mir zu Hause verbracht haben, zeige ich ihm am nächsten Tag etwas von meiner Heimatstadt. Wir gehen am Eilbekkanal entlang bis zur Alster und von dort weiter in die Stadt. Stolz präsentiere ich ihm das Hamburger Rathaus, den Jungfernstieg und die Alsterdampfer.

Am nächsten Tag fahren wir mit der U-Bahn bis Landungsbrücken und nehmen die Fähre bis Övelgönne. Ich liebe es, an den alten Kapitänshäusern spazieren zu gehen und mir vorzustellen, wer hier wohnt und wie die Menschen leben. Auf Wunsch von Daniel besuchen wir das Miniaturwunderland, und ich zeige ihm die Hafencity. Wir besichtigen die Aussichtsplattform der Elbphilharmonie und schlendern durch die Speicherstadt.

Für den nächsten Tag habe ich eine spezielle Tour durch die Sternschanze gebucht, in der man etwas zu dem Stadtteil erzählt bekommt und verschiedene Cafés, Bistros oder Restaurants besucht, die einem kleine Spezialitäten servieren. Leider war es nicht möglich, eine solche Tour auf englisch zu buchen, aber die Frau, die die Führung macht, ist sehr freundlich und übersetzt einiges für meine kanadische Begleitung. Ich erfahre dabei auch viele neue Sachen und lerne Lokalitäten kennen, die ich noch nicht kannte. Die Tour endet in der Nähe des Feldbunkers, und das ist das ganz spezielle Highlight für Daniel. Stolz baut er sich davor auf und gibt mir sein Handy, damit ich ihn mit dem Bunker im Hintergrund fotografiere. Ich bin ein wenig irritiert, denn bisher hat er nicht ein Foto gemacht. Weder die Alster noch die Elbe hatten sein fotografisches Interesse geweckt, aber der aus meiner Sicht wenig fotogene Bunker ist für Daniel offenbar etwas besonderes.

An einem der letzten Abende gehen wir mit Freunden zu einem Rockabilly-Konzert. Daniel ist etwas nervös, denn es ist das erste Mal, dass er Leute aus meinem sozialen Umfeld kennenlernt, aber seine Sorgen sind unbegründet. Meine Freunde mögen ihn sofort, und wir haben einen sehr schönen Abend zusammen.

Insgesamt verbringen wir eine wunderbare Zeit miteinander, und die Woche vergeht viel zu schnell. Am Abreisetag bringe Daniel schweren Herzens frühmorgens zum Flughafen. Wir verabschieden uns lange und intensiv, ohne zu wissen, ob und wie es nun weitergehen wird. Ich fahre alleine nach Hause und frage mich, ob ich ihn jemals wiedersehen werde.

Fernbeziehung

Meine Sorgen sind unbegründet. Nur ein paar Wochen später landet Daniel erneut in Hamburg und bleibt diesmal gleich drei Wochen. Er ist zeitlich flexibel, da er nicht mehr arbeitet. Ich hingegen muss dieses Mal arbeiten, aber in der Freizeit bleibt genug Zeit, die wir gemeinsam verbringen können. Daniel möchte meine Familie kennen lernen, und auch hier ist er wieder sehr aufgeregt. Wir planen ein Familientreffen in Celle bei meinem Bruder. Da ich es doch ein bisschen viel finde, wenn Daniel gleich die geballte Ladung meiner Familie zum ersten Mal trifft, gehen wir vorher einmal mit meinem Vater zusammen essen und an einem Abend mit meiner Schwester auf einen Drink. Dann fahren wir an einem Wochenende mit meinem Vater nach Celle. Daniel wird von allen herzlich aufgenommen, und da meine Schwester englisch studiert, mein Bruder mit seiner Familien drei Jahre in London gelebt hat und sogar mein Vater aus beruflichen Gründen englisch spricht, ist auch die Verständigung kein Problem. Ohnehin ist Daniel angenehm überrascht, dass fast jeder hier englisch spricht, aber ich lege Wert darauf, dass er zumindest die zwei wichtigsten Wörter lernt, die man in Hamburg kennen muss. So kann der Kanadier schon nach einigen Tagen einwandfrei „Moin" und „Tschüß" sagen.

Bei unserem nächsten Zusammentreffen ist es dann an mir, mich auf die Reise zu begeben. Im Juli 2017 reise ich das erste Mal nach Kanada. Ich fliege nach Halifax, Nova Scotia, wo Daniel mich abholen will, um dann weitere vier Stunden mit dem Auto nach New Brunswick zu fahren. Bei der Ankunft halte ich einen Reisepass und das Visa, das ich für die Einreise benötige, parat und zeige es dem kanadischen Grenzbeamten. Er stellt mir sehr viele Fragen. Weshalb will ich nach Kanada einreisen? Wo werde ich wohnen? Wo und wann hätten Daniel und ich uns kennen gelernt? Mein Englisch ist zu diesem Zeitpunkt noch ausbaufähig, so dass mir dieses Verhör ein wenig Stress macht. Ich bin erleichtert, als ich endlich durchgelassen werde und die Ankunftshalle des Flughafens betrete. Ich sehe mich suchend um, aber von Daniel fehlt jede Spur. Mir sackt das Herz in die Hose, bis ich Daniels Bruder Stephen und dessen Lebensgefährtin Julia entdecke. Kurze Zeit später erscheint auch der Mann, für den ich in dieses Land gereist bin. Wir gehen in die Flughafenbar, um auf unser Wiedersehen anzustoßen. Julia und Stephen leben in Halifax und nach etwas einer Stunde verabschieden wir uns und fahren mit dem Auto in Richtung Quispamsis. Im Gegensatz zu Hamburg, wo der Sommer mal wieder durch Abwesenheit glänzt, ist es hier sonnig und warm, und ich genieße die Aussicht auf den klaren, blauen Himmel, während wir auf der sehr leeren Autobahn fahren. Nach ungefähr vier Stunden erreichen wir unser Ziel, wo ich sogleich freudig von Schäferhundmischling Cu, begrüßt werde. Auch Kater Marty lässt nicht lange auf sich warten, und ich genieße mit den drei

Jungs und einem Glas Wein meinen ersten Abend in Kanada auf Daniels Terrasse. Ich atme die frische Luft ein und bin beeindruckt, wie ruhig es hier ist. Das Haus liegt zwar direkt an einer Straße, aber es kommt so gut wie kein Auto vorbei. Ich spüre sofort, dass sich diese Ruhe auch auf mich überträgt und sich eine angenehme Entspannung in mir ausbreitet . Wir verbringen die erste Woche meines Urlaubs in Quispamsis, gehen spazieren, machen Ausflüge, besuchen Nachbarn und treffen Daniels Tochter Patricia, die mit ihrem Partner Tom in Saint John wohnt. In der zweiten Wochen fahren wir nach Prince-Edward-Island in Nova Scotia und verbringen dort ein paar Tage in Charlottetown. Wenn es irgendeinen Platz auf der Welt gibt, den ich mit absolutem Frieden verbinden würde, dann ist es Prince-Edward-Island. Die kleinste aller kanadischen Provinzen überzeugt durch unendliche grüne Wiesen, Felder und weitläufige Strände. Manche Menschen würden sagen, die Insel besteht nur aus Kartoffeläckern und Sandstränden, aber für mich war es weit mehr als das. Und dann ist da ja auch noch das Haus von Anne Green Gable in Cavendish! Das in Kanada sehr populäre Kinderbuch von Lucy Maud Montgomery handelt von einem Waisenmädchen mit roten Haaren, das ein Zuhause bei einem älteren Geschwisterpaar auf Prince-Edward-Island findet. Sie ist sehr aufgeweckt, gesprächig, fantasievoll und gilt als ein Vorläufer von Pippi Langstrumpf. Die Geschichte wurde verfilmt , und in Cavendish kann man den Schauplatz, an dem der Film gedreht wurde, besichtigen. Für romantisch veranlagte Menschen, die sich gerne in eine frühere Zeit zurückversetzen lassen, ist es ein Besuch wert.

Nach unserem Abstecher auf Prince-Edward-Island fahren wir nach Halifax, wo Daniel geboren und aufgewachsen ist. Ich mag diese Stadt von Anfang an, denn sie ist genau wie Hamburg eine Hafenstadt und hat viele schöne grüne Ecken. Am Abend von Daniels Geburtstag gehen wir mit seiner Familie essen. Ich bin ein wenig aufgeregt, aber ich werde sehr herzlich begrüßt, und wir haben einen unterhaltsamen Abend.

Wie im Nichts sind meine zwei Wochen Urlaub vorbei, und wir sind wieder am Flughafen in Halifax. Der letzte Kuss ist lang und intensiv. Bevor ich zu der Sicherheitskontrolle gehe, drehe ich mich ein letztes Mal um. Er steht noch da, und ich winke ihm zu.

Ein mutiger Entschluss

Soll ich das wirklich wagen? Mit leicht zitternder Hand hole ich das Papier aus dem Drucker und lese es immer wieder durch. „Hiermit kündige ich den mit Ihnen geschlossen Arbeitsvertrag zum 30.09.2019."

Ein paar Tage später bringe ich das Schreiben in die Personalabteilung. Nun gibt es kein Zurück mehr. Nach zwei Jahren Fernbeziehung habe ich mich entschlossen, meinen sicheren Job im öffentlichen Dienst aufzugeben und nach Kanada zu gehen. Einerseits fühle ich mich befreit, andererseits bin ich auch voller Ängste. Wird das gut gehen? Kann ich mit über 50 tatsächlich mein bisheriges Leben aufgeben und in einem fernen Land noch einmal von vorn anfangen? Sowohl Daniel als auch ich haben die letzten Jahre alleine gelebt und uns daran gewöhnt, keine Kompromisse zu machen. Wir sind uns einig, dass ich meine Eigentumswohnung erst mal behalte, und nur mit zwei Koffern mit dem Touristenvisum nach Kanada komme. Ich bin gespannt auf mein neues Leben auf Probe.

Warum ich das mache? Viele emanzipierte Frauen werden jetzt vielleicht die Stirn runzeln und sich fragen, warum eine selbstbewusste, gut ausgebildete Frau wie ich alles hinschmeißt, um einem Mann in die kanadische Einöde zu folgen. Warum müssen es immer die Frauen sein, die dem Mann in die Ferne folgen und ihre gewohnte Umgebung aufgeben? Für mich aber liegt der Grund für mein Aufbrechen nicht allein darin, mit dem Mann, den ich liebe, zusammen zu sein. Seit ich in das Berufsleben nach meinem Studium eingestiegen bin, habe ich mich immer wieder gefragt, ob das jetzt alles ist. Ich habe Unmengen von Lebensratgebern gelesen, Seminare und Workshops zum Thema Selbstfindung besucht, eine Ausbildung zur Tanztherapeutin und später zur Fitnesstrainerin gemacht und war stets auf der Suche nach dem einen perfekten und sinnerfülltem Leben für mich. Ich fühle mich oft wie eine Art

Jekyll and Hyde. Zwei Persönlichkeiten stecken in mir. Die eine möchte ein finanziell abgesichertes Leben, und die andere möchte Abenteuer, neue Herausforderungen und einen Beruf mit Leidenschaft ausüben. In dem Moment, als ich gekündigt habe, hat der risikofreudige und lebendige Part in mir sich durchgesetzt und die Stimmen der Vernunft gesteuerten und eher ängstlichen Persönlichkeit einfach ignoriert. Ob das gutgehen wird, weiß niemand. Ich weiß nur, dass ich es ausprobieren muss, weil ich mich sonst den Rest meines Lebens fragen würde, ob meine Entscheidung, in meinem alten Leben zu bleiben, richtig war. Es heißt, man bereut am Ende seines Lebens am meisten die Dinge, die man nicht gemacht hat. Ich habe für mich beschlossen, dass ich, wenn ich alt bin, à la Ediath Piaf aus vollem Herzen sagen können möchte: „Je ne regrette nien."

Aufbruch und Ankunft

Es ist soweit. Heute werde ich Deutschland für unbestimmte Zeit verlassen. Ich stehe am Flughafen mit Daniel und zwei meiner besten Freundinnen, die gekommen sind, um sich von mir zu verabschieden. Wir machen Fotos mit einer selbst gebastelten Fahne, die auf der einen Seite Hamburg und auf der anderen Seite Kanada zeigt. In mir wühlen gemischte Gefühle, einerseits freue ich mich auf mein bevorstehendes Abenteuer und bin neugierig auf all das Neue, was mich erwartet, andererseits vermisse ich schon jetzt meine gewohnte Umgebung. Ich denke an meine gemütliche Wohnung in Barmbek, meine Freunde und meinen Sport. Mit einem kleinen Kloß im Hals winke ich meinen Freundinnen zu, bevor wir uns in die Warteschlange zur Security einreihen. Der Flug verläuft reibungslos, und mit einem bangen Gefühl gehe ich in die Ankunftshalle. Da ich keinen Rückflug gebucht habe, erwarte ich viele Fragen von dem kanadischen Grenzbeamten, aber stattdessen scanne ich meinen Reisepass an dem Automaten und beantworte die üblichen Fragen zur Einreise. Nachdem ich wahrheitsgemäß die Frage, ob ich Waffen bei mir trage, mit nein beantwortet habe, spuckt die Maschine den Zettel aus, der mich berechtigt, in Kanada einzureisen. Ich zeige dem Grenzbeamten den Zettel und darf passieren. Wir setzen uns ins Auto, und nach gefühlten 100 Stunden kommen wir in Quispamsis an und fallen todmüde ins Bett.

Bekanntlich soll es ja von Bedeutung sein, was man in der ersten Nacht in einem neuen Zuhause träumt. Leider kann ich mich am nächsten Morgen nicht mehr daran erinnern, was mich in meinen Träumen beschäftigt hat. Ich weiß nur, dass ich sehr tief und fest geschlafen habe. Mit meinem Kaffeebecher in der Hand gehe ich durch das Haus und versuche mir vorzustellen, wie es mir in den nächsten Wochen hier gehen wird. Werde ich mich heimisch oder doch eher fremd fühlen? Daniel hat eines der ehemaligen Kinderzimmer für mich als einen Ort umgestaltet, in dem ich arbeiten und mich zurückziehen kann. Ich bin sehr gerührt, als ich den kleinen Sekretär, die Regale und den Lesesessel sehe, der dazu einlädt, sich mit einem guten Buch und einer Tasse Tee hinein zu lümmeln. Das kleine Fenster lässt den Blick auf den großen Garten frei, und ich fühle mich bereits jetzt sehr wohl in diesem Zimmer. Nachdem ich ein paar Fotos von meiner Familie und meinen Freunden, meinen Laptop und andere persönliche Dinge hinein gebracht habe, wird es noch mehr zu meiner privaten Oase.

Nach dem Frühstück machen wir einen Großeinkauf im nahe gelegenen Supermarkt. Obwohl ich es bereits von meinen Urlauben in Kanada kenne, bin ich immer wieder etwas eingeschüchtert von der Größe der Läden hier. Wir laufen mit dem Einkaufswagen durch breite, lange Gänge, und ich mir in Ruhe das Sortiment ansehen. Daniel ist aber eher pragmatisch und möchte zielgerecht einkaufen. Er geht schon mal vor, während ich vor einem Regal mit den Joghurts stehe und mich nicht entscheiden kann, ob ich lieber den fettarmen mit Himbeergeschmack oder den naturbelassenen ausprobieren soll. Schließlich fällt meine Wahl auf den eiweißreichen Joghurt mit Mangostücken, und ich schiebe den Einkaufswagen weiter, während ich mich gleichzeitig suchend nach Daniel umsehe. Wo ist er nur? Ich werde ein wenig unruhig und laufe ziellos durch die Gänge, bis ich ihn entdecke. Er steht am Milchregal und unterhält sich angeregt mit einem Mann. Wir werden einander vorgestellt. Der Mann ist ein ehemaliger Kollege von Daniel. Als er hört, dass ich aus Deutschland komme, sieht er mich neugierig an. Wie immer in solchen Situationen komme ich mir ein wenig exotisch vor. Nachdem wir uns verabschiedet haben, stellen wir uns in die Warteschlange zur Kasse an. Es gibt ordentliche Reihen, und niemand drängelt sich vor. Als wir an der Reihe sind, begrüßt uns die Kassiererin mit einem „How are you?" Bei den ersten Malen war ich noch angenehm überrascht, dass die Angestellten im Supermarkt an meinem Wohlergehen interessiert sind und habe ausführlich geantwortet. Mittlerweile weiß ich, dass es nichts weiter als eine Begrüßungsfloskel ist, so wie bei uns „Guten Tag", „Hallo" oder „Moin". Dennoch frage ich mich immer wieder, wie sie wohl reagieren, wenn ich ihnen eine lange Krankheitsgeschichte erzählen würde. Die Kassiererin, die übrigens stehen muss, greift bereits zu einer Plastiktüte und will gerade anfangen, die Waren einzupacken, als ich sie stoppe und freundlich mitteile, dass ich das selbst mache. Ich packe unsere Sachen in die Stoffbeutel, und die Angestellte fragt mich, ob ich hier arbeiten möchte. Offenbar beeindruckt sie meine in Deutschland lange Jahre erprobte schnelle und effiziente Packweise.

Nach dem Einkauf fahren wir zu Daniels Bank, wo ich ein Bankkonto auf meinem Namen eröffne und schließen einen Handyvertrag für mich ab. Ich bin sehr erstaunt, dass ich hier als Deutsche, mit nichts weiter als einem Touristenvisum ausgestattet, problemlos Verträge abschließen kann. Im Gegensatz zu Deutschland kann man diese Verträge auch jederzeit wieder kündigen. Abends gehen wir italienisch essen und lassen den Tag vor dem Kamin mit einem Glas eggnogg ausklingen. Die amerikanische Version von Eierlikör, das hier gerne zur Weihnachtszeit getrunken wird, und die Wärme des Feuers führen bei mir zu einer angenehmen Bettschwere.

Ein Leben ohne Sport ist möglich, aber für mich nicht denkbar. Aus diesem Grund habe ich Daniel gebeten, sich nach einem Fitnesstudio für mich umzusehen, bevor ich überhaupt hierher kam. Zum Glück gibt es auch eines, dass nur etwa 5 Autominuten von Daniels Haus entfernt ist. Ich darf in dem Studio eine kostenlose Probestunde mitmachen, und suche mir einen Zumbakurs aus. Die Trainerin kommt vor dem Kurs auf mich zu, und wir wechseln ein paar Worte. Sie ist sehr sympathisch und stellt mich den anderen

Kursteilnehmerinnen vor, die fasziniert sind, als sie hören, dass ich aus „Germany" komme. Zwei der Teilnehmerinnen waren schon mal in Deutschland und schwärmen davon. Der Kurs macht sehr viel Spaß, und die Gruppe scheint sich gut zu kennen. Hier kann ich vielleicht Freunde finden, denke ich und unterzeichne den Vertrag mit dem Fitnesstudio. Dabei hilft mir ein netter Mitarbeiter, und als Daniel kommt, um mich abzuholen, stellt sich heraus, dass sich die beiden kennen. Der Trainer ist mit Patricia befreundet und war früher viel in Daniels Haus zu Gast. Als er erfährt, dass ich selbst Trainerin bin, ist er begeistert und möchte mir am liebsten gleich Kurse übertragen. Dies ist leider nicht möglich, da ich als Touristin nicht in Kanada arbeiten darf, aber ich freue mich über das Vertrauen und sehe Möglichkeiten, wie ich hier zukünftig Geld verdienen könnte.

Am Nachmittag gehen wir mit Cu spazieren, und ich lasse meine neue Umgebung auf mich einwirken. Es ist sehr ruhig. Nur hin und wieder begegnen wir anderen Menschen. Dafür sehen wir um so mehr Rehe, die in aller Seelenruhe die Straße überqueren und auch vor Cu nicht weglaufen. Die Bäume sind noch bunt gefärbt, so dass ich in den Genuss vom Rest des von uns Deutschen genannten „indian summers" komme. Es ist eine Woche vor Halloween, und fast alle Grundstücke sind bereits mit Gespenstern, Vampiren oder sonstigen Monstern dekoriert.

Später sitze ich in meinem Arbeitszimmer, blicke aus dem Fenster und denke über den Ort nach, in dem ich gelandet bin.

Quispamsis ist ein Ort im Kings County in New Brunswick mit 17.655 Einwohnern. Es liegt am Ostufer des Kennebecasis River, und die nächst größere Stadt ist Saint John. Von Daniels Haus erreicht man die Stadt in etwa 20 Minuten mit dem Auto. Ursprünglich war Quispamsis von Maliseeindianern bewohnt. Der Name Quispamsis bedeutet in der Sprache der Ureinwohner „Kleiner See" und bezieht sich auf den in der Nähe gelegenen Ritchie Lake. Vor etwa hundert Jahren gab es hier fast nur Wald und ein paar Farmen. Jetzt ist es deutlich mehr besiedelt. Vor allem Familien lassen sich hier gerne nieder. Die meisten, die hier leben, arbeiten in Saint John. Ich würde es als eine Art Vorort von Saint John bezeichnen. Es gibt auch eine Bushaltestelle, allerdings hängt dort kein Fahrplan aus, und ich habe bisher auch noch keinen Bus gesehen. Dafür stehen vor jedem Haus mindestens ein,oft auch zwei oder mehr Autos, und zwar meist in der aus europäischer Sicht gefühlten Größe eines Kleinlasters. Ich befinde mich ganz klar in einem Land, in dem das Autofahren wie das tägliche Zähne putzen zum Leben dazu gehört. Als ich auf Kuba den Kanadiern gegenüber erwähnte, dass ich kein Auto habe, wurde ich angesehen, als sei ich ein Wesen von einem anderen Stern. Wenn ich mich hier unabhängig fortbewegen will, wird mir also nichts anderes übrig bleiben, als mich auch wieder an das Auto fahren zu gewöhnen.

PRUDE

Als meine Freunde und Kollegen mich fragten, was ich in Kanada machen möchte und ob ich denn schon eine Arbeit gefunden hätte, habe ich nur mit den Schultern gezuckt, denn ich hatte tatsächlich keinen Plan. Eines aber wusste ich ganz genau: Ich wollte die Zeit in Kanada nutzen, um mein Englisch aufzubessern. Es ist zwar seit meiner Beziehung zu Daniel schon deutlich besser geworden, aber es ist noch Luft nach oben. Außerdem gibt mir das die Möglichkeit, neue Menschen kennen zu lernen, was mir ebenfalls sehr wichtig ist. Schon in der ersten Woche erkundigen wir uns, wo man in Saint John Englischkurse für Newcomer anbietet. Nach einer Empfehlung gehen wir zu einer Organisation mit dem Namen PRUDE Inc (Pride Race Unity Dignity Education). Als ich an der Rezeption nach Englischkursen frage, verschwindet die Mitarbeiterin in die hinteren Räumlichkeiten und kommt mit einer Frau zurück, die ich auf etwas älter als mich selbst einschätze. Es ist die Lehrerin der Englischklasse. Sie heißt Nancy, und ich kann jederzeit mit dem Unterricht, der jeden Vormittag von 10.30 bis 12.00 Uhr stattfindet, beginnen. Auf meine Frage, wie viel es kostet, erfahre ich, dass die Teilnahme kostenlos ist. Ich bin angenehm überrascht. Nicht einmal ein Buch benötige ich, erklärt mir Nancy. Es würden Zettel verteilt, mit denen wir arbeiten würden. Gleich am nächsten Tag fange ich an, und der Unterricht gefällt mir sehr gut. Es sind Teilnehmer aus den verschiedensten Ländern und mit unterschiedlichem Englisch-Level dabei. Nancy ist sehr nett und spricht langsam und verständlich. Wir lernen viel Grammatik, was ich gut gebrauchen kann, aber auch andere wichtige Dinge wie „phrasal verbs" oder die richtige Aussprache.

Am nächsten Tag haben wir eine andere Lehrerin. Sie heißt Gloria und geht mit uns in ein kleines Café , wo wir Tee trinken und „english conversation" betreiben. Auch dies genieße ich sehr, denn ich erfahre viel von den anderen Newcomern.

Es wird bei PRUDE nicht nur Englisch unterrichtet, sondern auch Kurse, die die Newcomer dabei unterstützen, in Kanada Fuß zu fassen. An einem Nachmittag in der Woche gibt es ein „Employment Workshop", einen Kurs über die Arbeitswelt in Kanada. Das derzeitige Thema ist das Schreiben eines „Resumees". Dies ist eine Art Lebenslauf, aber es ist deutlich anders als in Deutschland. Es sollte nicht länger als zwei Seiten sein und nur die letzten 10 Jahre an Arbeitserfahrungen beinhalten. Persönliche Daten wie Alter, Familienstand, noch nicht einmal die Adresse sollen erwähnt und schon gar kein Foto beigefügt werden. Niemand soll aufgrund seines Geschlechts, Alters oder Aussehens benachteiligt oder bevorzugt werden. Als ich erwähne, dass es in Deutschland schwierig ist, ab einem gewissen Alter überhaupt noch einen Job zu bekommen, meint Nancy, dass es in Kanada nicht so sei und sich viele Firmen gerade ältere Arbeitnehmer wünschten, da diese verantwortungsvoller wären und mehr Erfahrung hätten. Das beruhigt mich sehr. Ich finde auch die kanadische Version des Lebenslaufs viel sinnvoller. Wen interessiert es schon, was ich einmal vor zwanzig Jahren gemacht habe?

In einem von Nancys workshops über die Arbeitswelt in Kanada sprechen wir über Jobinterviews. Diese scheinen insgesamt etwas formloser als in Deutschland abzulaufen, wobei es natürlich auch in Kanada auf die Art des Unternehmens ankommt. Zum Einstieg wird man meistens aufgefordert, etwas über sich selbst zu erzählen. Damit ist keinesfalls das langweilige Zitieren von Lebensläufen, sondern vielmehr die Beschreibung der eigenen Persönlichkeit gemeint. Das klingt für mich weitaus entspannter als die Bewerbungsgespräche, die ich bisher in Deutschland erlebt habe. Auch macht es Sinn, denn schließlich wollen beide Seiten herausfinden, ob man zueinander passt. Wozu soll man da noch einmal den Lebenslauf herunter leiern, der den Menschen, die darüber entscheiden, ob man den Job bekommt oder nicht, doch ohnehin schon hinreichend bekannt ist. Laut Nancys Aussage suchen die Kanadier ihren Job auch nicht danach aus, wie gut er bezahlt ist, ober er sicher ist oder ein gutes Ansehen hat. Sie würden niemals lange eine Tätigkeit ausüben, die sie langweilt. Einen solchen Job würden sie kündigen und sich etwas anderes suchen. Überhaupt würden sie öfter mal den Job wechseln und nicht 30 oder 40 Jahre in ein und derselben Firma sitzen. Das scheint eine ganz andere Mentalität als in Deutschland zu sein, und ich finde es sehr vielversprechend.

Halloween

Eine Woche nach meiner Ankunft steht einer der für Kanadier bedeutendsten Tage an. Der 31. Oktober ist zwar kein offizieller Feiertag, aber es ist hier fast so bedeutungsvoll wie Weihnachten oder Silvester. Ich lebe hier mit einem passionierten Halloween-Fan zusammen, der über etliche selbst gebastelte Grabsteine verfügt. Es hat einen gesamten Tag gedauert, den Vorgarten in einen Friedhof von Frankenstein, Graf Dracula und ähnlichen Monstern zu verwandeln, aber es hat sich gelohnt, und ich betrachte nun voller Stolz unser verbrachtes Werk. Das Wetter zeigt sich heute von seiner trübsten Seite, grau, dunkel und nass. Einerseits passt es zur Stimmung von Halloween, andererseits lädt es die Kinder nicht gerade dazu ein, draußen herum zu laufen. Wir sind daher ein wenig besorgt, ob überhaupt jemand kommt. Für mich hat Halloween zwar keine so große Bedeutung, da es dies zur Zeit meiner Kindheit noch gar nicht gab und ich es eigentlich nicht mag, wenn all die amerikanischen Gebräuche nach Deutschland eingeführt werden, aber ich liebe es, mich zu verkleiden und in eine andere Rolle zu schlüpfen. Ich gebe mir daher sehr viel Mühe mit meiner Kostümierung. Als die Dämmerung hereinbricht, sind Graf Dracula und seine Gemahlin bereit, die Gäste zu empfangen. Unsere Sorge, dass niemand kommt, ist unbegründet. Schon bald ertönt das erste Türklingeln, und der Spaß kann beginnen. Ich verstecke mich in dem selbst gebastelten Sarg, der im Flur direkt vor der Haustür aufgestellt ist, und Daniel setzt die Nebelmaschine in Gang. Während er die Tür öffnet, zieht er gleichzeitig an der Schnur, die den Sarg öffnet, und ich trete hinaus und gehe auf die Kinder zu. Manche sind ein wenig ängstlich, halten aber doch die Hand auf und nehmen die Süßigkeiten in Empfang. Da es immer noch regnet, werden die meisten von ihren Eltern gefahren, die im Hintergrund stehen. Ich komme auf die Idee, mit den Kindern deutsch zu reden, was, so hoffe ich, noch ein wenig gruseliger wirkt. Daniel und ich wechseln uns ab. Mal ist er im Sarg, und ich öffne die Tür, und das nächste Mal bin ich diejenige, die aus dem Kasten hinaussteigt. Ich bin voll in meinem Element und merke, wie viel Spaß mir die Schauspielerei macht. Insgesamt haben wir Besuch von etwa 40 Kindern, von denen der Großteil Mädchen sind. Ich frage mich, woran das wohl liegt, kann aber nur Vermutungen anstellen. Vielleicht gibt es einfach mehr Mädchen in der Nachbarschaft. Das glaube ich allerdings nicht und vermute eher, dass die Jungen weniger Interesse an Halloween haben, was ich sehr schade finde, denn hier in Kanada ist es eine lange Tradition.

Der erste Schnee

Am 8. November blicke ich aus dem Fenster und sehe etwas, das ich kaum identifizieren kann, da ich es in Deutschland seit Jahren nicht mehr erlebt habe. Ein dünne Schneeschicht zieht sich über das gesamte Grundstück.

„Ach, das bleibt nicht liegen, das schmilzt im Laufe des Tages wieder", versucht Daniel mich zu beruhigen. Um kurz nach drei Uhr nachmittags schaue ich erneut aus dem Fenster. Es schneit und schneit, und es sind keine Anzeichen dafür in Sicht, dass es aufhören wird. Als hätte ich es geahnt, habe ich mir am Tag zuvor eine neue Winterjacke gekauft! Die muss natürlich gleich hinsichtlich ihrer Wintertauglichkeit getestet werden. Dick eingepackt in meine neue Jacke, wasserfeste Schuhe, Schal, Mütze und Handschuhe schnappe ich mir Cu und verlasse das Haus. Gemeinsam stapfen wir durch den Schnee und finden es beide wunderbar. Cu hält immer wieder an, um seinen Kopf in den Schnee einzubuddeln. Es sieht geradezu so aus, als würde er ein Bad nehmen.

Nach einem ausgiebigen Spaziergang gibt es nichts Schöneres, als sich mit einer heißen Tasse Tee oder Kakao vor den Kamin zu setzen und ein gutes Buch zu lesen. Ich bin jetzt auch Mitglied in der Bücherei von New Brunswick, so dass ich mich ausreichend mit Lesestoff versorgen kann. Ein Buch in englisch zu lesen ist für mich immer noch eine Herausforderung, und ich muss mich sehr konzentrieren, aber ich habe den unbedingten Ehrgeiz und versuche, mich von der Vorstellung zu lösen, jedes einzelne Wort verstehen und nachschlagen zu müssen. Da ich ein visueller Mensch bin, liebe ich außerdem die Cover der englischsprachigen Bücher, die so viel bunter und phantasievoller gestaltet sind als die deutschen. Am Abend koche ich eine Kürbiscremesuppe und höre dabei das Lied „Winter in Kanada" von Mireille Mathieu, während ich fasziniert auf die Schneelandschaft schaue.

Nachbarschaftshilfe

Eines Sonntagabends haben wir Besuch von Daniels Nachbarn. Susan und Terry haben früher mal in Deutschland gelebt, da Terry an einem ehemaligen kanadischen Militärstandort in Lahr stationiert war. Sie waren im September seit langem mal wieder nach Deutschland gereist und waren in Orten, in denen ich noch nie war, wie z.B. Rothenburg ob der Tauber. Susan ist verrückt nach Geschichte und scheint alles darüber zu wissen, inklusive wann welcher König mit wem verlobt oder verheiratet war. Es ist mir unbegreiflich, wie man sich so etwas merken kann, aber jeder hat so seine Vorlieben.

Als sie für ein paar Tage verreisen möchten, fragen sie uns, ob wir uns um ihre Katze kümmer können. Fraidy macht ihrem Namen, der von „afraid" abgeleitet wurde, alle Ehre. Sie ist sehr scheu, und Susan und Terry meinen, ich würde sie höchst wahrscheinlich gar nicht zu Gesicht bekommen. Ich setze mich mit meinem Buch auf das Sofa im Wohnzimmer. Es dauert nicht mal fünf Minuten, bis offenbar die Neugierde über die Angst siegt. Nachdem Fraidy mich zunächst aus sicherer Entfernung beobachtet hat, kommt sie näher und beschnüffelt meine Beine. Nach kurzer Zeit höre ich ein leises Schnurren. Fraidy springt zu mir aufs Sofa und lässt sich streicheln. Das ist der Beginn einer wunderbaren Freundschaft.

Remembrance Day

Heute ist ein sehr wichtiger Feiertag in Kanada. Der Remembrance Day am 11. November wurde im britischen Empire nach dem Ersten Weltkrieg zum Gedenken all derer eingeführt, die im Krieg gestorben sind. Das Datum wurde als Gedenktag gewählt, da der Erste Weltkrieg am 11. November 1918 um 11.00 Uhr endete. Bereits seit etwa zwei Wochen werden überall an öffentlichen Orten die Poppies verteilt, die mit einer Anstecknadel versehen sind, so dass man sie an der Jacke befestigen kann. Es handelt sich dabei um eine künstliche Mohnblume, die ursprünglich nach dem Ersten Weltkrieg als Symbol zum Gedenken an die im Ersten Weltkrieg gefallenen Soldaten diente. Die Mohnblume soll in Anlehnung an das Gedicht „In Flanders Fields" des Kanadiers John McCrae an die vom Blut der Soldaten des Ersten Weltkrieges geröteten Felder Flanderns erinnern. Zudem begann damals auf den frisch aufgeschütteten Hügeln der Soldatengräber als erstes der Klatschmohn zu blühen.

Die Geschäfte sind geschlossen (nicht so wie sonntags, wo sie zumindest nachmittags für ein paar Stunden öffnen), und überall in Kanada wird dieser Tag celebriert. Wir gehen zum qplex in Quispamsis, eine große Halle, die im Winter auch als Eislauf- und Eishockeystadion dient. Die Veranstaltung beginnt um 10.30 Uhr, aber man wird gebeten, bis spätestens ein Viertelstunde vorher seinen Sitzplatz einzunehmen. Nach der Einführungsrede wird das Publikum gebeten, aufzustehen, während die Parade einläuft. Wir singen zusammen die Nationalhymne „O Canada", und um 11.00 Uhr werden zwei Schweigeminuten eingehalten. Später singen wir noch „The Royal Anthem", und es ist insgesamt sehr ergreifend und eine große Ehre für mich, an dieser Zeremonie teilhaben zu dürfen.

Daniel fragt mich, ob ich den Premierminister von New Brunswick kennen lernen möchte. Blaine

Higgs ist ein früherer Arbeitskollege von ihm, und ist ebenfalls auf dieser Veranstaltung. Wir drängeln uns durch die Menschenmenge zu ihm, und die beiden umarmen sich wie Brüder. Daniel stellt mich ihm vor, und ich gebe dem Premierminister von New Brunswick, Blaine die Hand.

Zwei Tage später zeigt das Thermometer -4 Grad an, aber der eiskalte Wind, der seinen Weg durch all meine Kleidung zu finden scheint, führt dazu, dass ich mich nicht allzu lange draußen aufhalten mag. Das ist aber erst der Anfang. Nancy sagt, das sei für Kanada noch harmlos. Zwar ist es für die derzeitige Jahreszeit kalt,aber es kann später im Winter durchaus noch viel frostiger werden. Das habe ich schon erlebt, als ich die letzten beiden Jahre über Weihnachten und Neujahr hier war und Temperaturen von -15 bis -20 Grad keine Seltenheit waren. Trotzdem ist mir heute ein wenig mulmig zumute. Zunächst erzählt uns ein Mitarbeiter vom Roten Kreuz, wie man sich für

Notfälle wie Schneefälle, Überflutungen, Tornados und hier in Kanada durchaus nicht seltene, über Tage dauernde Stromausfälle vorbereiten soll. Anschließend sagt Nancy uns, welche Wintersachen notwendig sind, um sich gegen die kanadische Kälte und Erfrierungen zu schützen.

Wenn mir noch vor drei Jahren jemand gesagt hätte, ich würde einmal freiwillig über den Winter in ein Land gehen, das bekannt dafür ist, sehr kalt zu sein, hätte ich nur ein müdes Lächeln übrig gehabt. Bisher lagen meine bevorzugten Urlaubsziele ausschließlich in Ländern, die eine Temperatur von mindestens 20 bis 25 Grad und viel Sonne vorweisen können. Es gibt einen Grund dafür, dass Daniel und ich uns nicht in Kanada oder Norwegen, sondern auf Kuba kennen gelernt haben. Im Gegensatz zum üblichen Hamburger Schmuddelwetter im November scheint hier allerdings sehr oft die Sonne, und das macht den Winter sehr viel erträglicher. Es ist, als ob die Sonne draußen auch in mir etwas anknipst.

Vorweihnachtszeit im November

Ein paar Tage nach dem Remembrance Day stehen die Zeichen hier komplett auf Weihnachten, obwohl erst Mitte November ist. Als ich an einem Tag in der Mittagspause in das Einkaufszentrum Brunswick Square in Saint John gehe, ist schon alles festlich geschmückt, und man sieht in Quispamsis tatsächlich in manchen Fenstern schon einen Tannenbaum fertig dekoriert stehen! An einem Wochenende gehen wir zusammen mit Patricia und Tom zu einem ersten Weihnachtsmarkt. Dieser ist keinesfalls mit den Weihnachtsmärkten, die wir in Deutschland kennen, zu vergleichen. Er findet wetterbedingt im Inneren eines Gebäudes statt, und es gibt keinen Glühwein und auch sonst keinen Alkohol. Der Weihnachtsmarkt befindet sich in einer Halle, in der sonst Eishockey gespielt wird und man zahlt einen Eintritt, der für das ganze Wochenende gilt. Im oberen Bereich gibt es eine Art Flohmarkt, wo man allerlei antike Dinge kaufen kann, wie etwa alten Tannenbaumschmuck, Schallplatten, Bücher, Schmuck, antike Dosen, Bierbecher aus Deutschland und noch vieles mehr. Patricia entdeckt eine künstliche Seemuschel, die mit einem Schild versehen ist, auf dem „Hamburg" steht. Ich nehme sie in die Hand und frage mich, wie diese Muschel den weiten Weg von Hamburg bis nach Saint John gefunden hat. Vielleicht hat sie jemanden gehört, der aus meiner Heimatstadt kommt und vor langer Zeit nach Kanada ausgewandert ist? Hat sich dieser Mensch auch der Liebe wegen auf den weiten Weg über den Ozean gemacht, oder war er oder sie auf der Suche nach einem besseren Leben?

Im unteren Bereich befinden sich Aussteller mit zum Teil selbst gemachten Sachen, wie Schmuck, Mützen, Handschuhe, Socken oder Lebensmittel, Wein, Duschgel und alles mögliche andere, was man nicht zum Leben braucht, aber gerne für sich selbst oder als Geschenk für jemand anderen kauft. An einem Stand mit bunt bedruckten

Katzendecken kann ich einfach nicht vorbeigehen und erstehe meine erstes Weihnachtsgeschenk. Daniel schüttelt den Kopf, als ich ihm meinen Neuerwerb zeige, aber ich bin stolz über meine Investition. Marty hat bis jetzt keine Decke und liegt oft auf dem Platz von Cu, der nicht im mindesten daran denkt, den Kater von dort zu verscheuchen. Insofern ist es indirekt auch ein Geschenk für Cu. Wir kommen an einem Stand einer jungen Schriftstellerin vorbei, die in Quispamsis lebt. Als ich ihr erzähle, dass ich aus Deutschland komme, zur Zeit ebenfalls in demselben Ort wie sie lebe und zudem auch gerne schreibe, ist sie begeistert. Ich kaufe eines ihrer Bücher, obwohl Fantasy-Literatur nicht zu meinem bevorzugtem Lesestoff gehört, aber ich möchte sie unterstützen. Außerdem eignet sich dieses sehr dünne Büchlein perfekt, um mein immer noch ausbaufähiges Englisch zu trainieren.

An einem Samstagmorgen bin ich gerade dabei, mich für meine Zumba-Stunde fertig zu machen, als die Nachbarin Susan anruft und mich fragt, ob ich mit zu einem „Christmas-Sale" ganz in der Nähe gehen möchte. Die Neugier siegt über meinen Drang, mich sportlich zu betätigen, und ich gehe mit. Es ist sonnig, aber ein starker eiskalter Wind bläst mir in das Gesicht, so dass ich mir meinen Schal schützend davor halte. So langsam sehe ich die Notwendigkeit einer Skimaske ein. Der Weihnachtsmarkt ist mehr privater Natur und findet in einer Kirche statt. Es gibt wieder sowohl gebrauchte, als auch neue, selbst gemachte Sachen zu kaufen. Susan kauft eine ganze Reihe von Christbaumanhängern. Fast alle Kanadier sind verrückt nach Weihnachten und vieles, was sie schön finden, würde ich eher als kitschig bezeichnen, wie vermutlich die meisten Deutschen. Das würde ich aber nie zu den Kanadiern sagen, da ich nicht als „rude" (unhöflich) eingestuft werden möchte, was hierzulande überhaupt nicht angesagt ist. Wenn ich Kanada mit einem Wort beschreiben sollte, wäre Höflichkeit auf jeden Fall eines, was ganz oben auf meiner

Liste stehen würde. Niemand drängelt oder schubst, und es gibt so gut wie keine bösen Worte. Ich glaube, ich habe noch nie so oft in meinem Leben das Wort „Sorry" gehört und bin immer noch überrascht, wenn mir jemand die Tür aufhält oder mir den Vortritt lässt, und zwar unabhängig davon, ob es sich um einen Mann oder eine Frau handelt.

Und die Begeisterung für Weihnachten hat auch für mich durchaus seinen Reiz, denn tief in mir schlummert eine romantische Seite, die ich nur nicht gerne zeige. Ich kann nicht einmal genau sagen, was der Grund dafür ist. Wurde ich so erzogen oder habe ich mir selbst eingeredet, dass das nicht cool ist? Jedenfalls spüre ich, dass ich meinen innerem Wunsch nach einer schönen und besinnlichen Weihnachtszeit nachgehen sollte und kaufe ebenfalls ein paar Kleinigkeiten auf dem Basar.

Am Abend fahren wir nach Saint John zur Weihnachtsparade. Ich trage eine Leggings unter meinen Jeans, zwei Paar Socken, diverse

Schichten am Oberkörper, dicke Winterschuhe, meine neue Kanada-Jacke, Mütze, Schal und Handschuhe und friere trotzdem. Wie schön wäre jetzt ein Glühwein, denke ich, als ich von einem Bein aufs andere trete, aber leider ist es hier nicht erlaubt, Alkohol in der Öffentlichkeit zu trinken. Das darf man ausschließlich in Restaurants und Bars, aber auch hier nur, wenn die Besitzer eine entsprechende Lizenz dafür haben. Die Parade selbst finde ich nicht so schön wie in Hamburg, aber da bin ich natürlich auch nicht objektiv, da ich bei letzterer drei Jahre selbst mitgewirkt habe. Es sind eigentlich nur Autos mit starker Beleuchtung und ein paar Menschen, die auf dem Wagen sitzen und „Merry Christmas" rufen. Ein paar andere laufen nebenher und verteilen Süßigkeiten an die Kinder. Ein Wagen gefällt mir sehr gut. Es ist eine High-School von Saint John, die demnächst das Stück „Der Zauber von OZ" aufführen wird, und die Schüler sind mit den entsprechenden Kostümen gekleidet. Auf dem letzten Wagen sitzt Santa Claus persönlich als Höhepunkt. Nach der Parade, die etwa 45 Minuten geht, haben wir es sehr eilig, zum Auto zu kommen, um wieder aufzutauen.

Ende November schneit es wieder mal, und alle Schulen werden geschlossen. Ich bin ziemlich erstaunt, denn ich dachte, in einem Land wie Kanada sollte Schnee ab November zum normalen Alltag gehören. Sowohl in Quispamsis als auch in Saint John, wo natürlich viel weniger Schnee ist, gibt es heute keinen Unterricht. Was machen die Eltern, wenn im Winter ständig die Schule ausfällt? Eine Teilnehmerin erscheint mit ihrer Tochter zum creative-workshop bei PRUDE und bastelt mit uns Tannenbaumanhänger. Wir schneiden sie aus Stoff zusammen und verzieren sie mit Pailletten und Knöpfen, wovon jedes einzelne aufgenäht werden muss. Ich gebe mir wirklich Mühe, aber ich merke schon beim Basteln, dass mein Anhänger allerhöchstens den Comedy-Preis gewinnen kann, und ich fühle mich wieder wie früher im Kunstunterricht. Ich war eines der wenigen Mädchen, das nicht malen und basteln konnte und daran auch keinen Spaß hatte. Dafür konnte ich genauso schnell wie die Jungen die Seile hochklettern. Man kann eben nicht alles können, und zum Glück muss ich mit dem Basteln kein Geld verdienen.

Am Nachmittag sitze ich in meinem kleinen Zimmer, blicke auf die Schneelandschaft im Garten und schreibe Weihnachtspost an Deutschland. Was sie wohl gerade machen, denke ich, während ich eine Karte nach der nächsten schreibe. Ob ich wohl auch Post aus Deutschland bekommen werde? Für meine Schwester habe ich sogar ein kleines Päckchen mit einem kanadischen Weihnachtsbuch und Süßigkeiten verschickt und hoffe, dass es rechtzeitig ankommen wird.

Am Mittwoch gehen wir mit Gloria wieder in das schöne kleine Café, trinken Tee und betreiben Konversation. Als wir aufbrechen wollen, fragt eine Teilnehmerin, ob wir ihre Wohnung besichtigen wollen, die gleich gegenüber liegt. Ich bin neugierig und gehe mit. Rifa kommt aus Bangladesch und hat schöne Fotos von sich und ihren Ehemann an der Wand hängen, hauptsächlich von der Hochzeit. Sie erzählt uns, dass in Bangladesch eine Hochzeit drei Tage lang andauert. Sie waren schon ein Paar, bevor er nach Kanada zum Studieren gezogen ist. Erst vier Jahre später ist sie auch hierher gekommen, und sie haben sich bis dahin die ganze Zeit nicht gesehen!

Später holt mich Daniel ab, und wir fahren ein bisschen durch Saint John. In New Brunswick gibt es drei „größere" Städte: Moncton (ca. 69.000 Einwohner und wirtschaftlich ausgerichtet), Saint John (ca. 65.000 Einwohner und hauptsächlich durch Industrie geprägt) und Fredericton (ca. 56.000 Einwohner und Hauptstadt von New Brunswick). Saint John ist der Hauptsitz der J..D. Irving Group. Es ist ein familiengeführter Mischkonzern, der Produktionswerke in allen östlichen kanadischen Provinzen sowie in den USA betreibt und ca. 15.000 Mitarbeiter in den

Bereichen Einzelhandel, Forstwesen, Papierprodukte, Fertighäuser, Agrar- und Nahrungsmittelproduktion, Personen- und Warentransport, Schiffbau, Restaurantketten, Printmedien sowie Rohstoffgewinnung und -verarbeitung beschäftigt. Auch Daniel hat für Irving Oil gearbeitet.

Wir besichtigen den Carleton Martello Tower. Er wurde während des amerikanisch-kanadischen Krieges von 1812 erbaut, aber erst nach Kriegsende fertiggestellt. Danach sehen wir uns die Reversing Falls an, Stromschnellen im Mündungsbereich des Saint John Rivers in der Bay of Fundy. Die mächtigen Gezeiten der Bay of Fundy bewirken, dass dort der St. John River zeitweise „rückwärts fließt.

Anschließend fahren wir zurück nach Quispamsis, wo ich auf einem leeren großen Parkplatz ein wenig Auto fahren übe. Ich bin ziemlich aufgeregt, denn für mich ist es das erste Mal seit langer Zeit am Steuer und das erste Mal überhaupt in einem

Automatikwagen. Es geht aber besser als gedacht und macht mir sogar Spaß. Wir wiederholen das an einem weiteren Tag, so dass ich schließlich bereit für meine erste offizielle Fahrstunde in Kanada bin. Der Fahrlehrer holt mich direkt von zu Hause ab, und wir fahren ein bisschen durch Quispamsis und später sogar auf die Autobahn. Ich bin angenehm überrascht, wie gut es geht und wie viel doch noch nach dem langen Autofahren hängen geblieben ist. Auch der Fahrschulwagen ist ein Automatik-Fahrzeug, und es ist tatsächlich sehr viel einfacher damit zu fahren. Dazu kommt noch, dass es in Quispamsis wahrscheinlicher ist, dass mir ein Reh auf der Straße begegnet als ein anderes Auto. Nach der Fahrstunde bin ich zufrieden mit mir und froh, dass ich sie unfallfrei überstanden habe. Zum Glück scheint auch die Sonne, aber das hält Daniel nicht davon ab, am nächsten Tag, an dem Frau Holle wieder sehr fleißig ist, mit mir nochmal auf den großen Parkplatz zu fahren, damit ich mich so richtig mit dem Auto im Schnee austoben kann. Es macht mir

Spaß, aber es ist auch weit und breit kein anderes Fahrzeug in Sicht. Bei dem Wetter bleiben wohl alle zu Hause. Nicht einmal ein Reh lässt sich blicken.

Ausflug ins Nachbarland

Anfang Dezember beschließen wir ziemlich spontan, in die USA zu reisen. Eigentlich will ich nach Quebec, aber nachdem die Wettervorhersage für diese Provinz Kanadas sehr kaltes Wetter ankündigt, vertagen wir einen Ausflug dorthin auf nächstes Jahr. Hätte ich zu diesem Zeitpunkt schon gewusst, dass ich für lange Zeit erst mal nicht dorthin reisen kann, wer weiß? Vielleicht hätte ich mich anders entschieden, vielleicht aber auch nicht. Ich besitze bereits ein Visum für die USA, da ich dies für eine meiner Flüge nach Kanada, bei dem ich in Boston umsteigen musste, benötigte. Es dürfte daher kein Problem sein, die Grenze, die von Daniels Haus nur zwei Stunden Fahrtzeit entfernt ist, zu überqueren. Dennoch muss ich in das amerikanische Grenzgebäude gehen und noch einmal 6 Dollar für ein weiteres Stück Papier bezahlen. Wir haben nicht so recht verstanden, weshalb, aber immerhin geht es einigermaßen problemlos, und wir können mit unserem Auto den heiligen Boden der USA befahren. Zum Glück weiß ich zu diesem Zeitpunkt noch nicht, was mich bei der Rückkehr erwarten wird. Ein entspannter Aufenthalt in den Staaten wäre dann komplett entfallen.

Wir fahren durch die Winterlandschaft im Norden der USA, und ich komme mir vor, wie in einem Märchen. Unser erstes Übernachtungsziel ist Portland, die größte Stadt im US-Bundesstaat Maine. Auf dem Weg dorthin halten wir in dem hübschen kleine Ort namens Camden. Es liegt am Fuße umgebender Berge und hat einen kleinen Hafen. Wir spazieren durch die Einkaufsstraßen, und ich bewundere die liebevoll dekorierten Schaufenster. Ich fühle mich wie in einem der amerikanischen Weihnachtsfilme, in denen die Protagonistin entgegen ihrem Willen aus der Großstadt in einen kleinen Ort versetzt wird und sich wider Erwarten in denselben verliebt. Wo sonst gibt es einen Laden mit dem Namen „Smiling

Cow?" Wie nicht anders zu erwarten, verbringe ich viel Zeit in dem örtlichen Buch- und dem Wollgeschäft. Die Verkäufer sind alle sehr freundlich und nehmen es nicht übel, wenn man aus dem Laden geht, ohne etwas zu erwerben. Wir gehen zu dem kleinen Hafen hinunter und sehen uns die Boote an, bis wir uns erneut auf den Weg machen, um weiter nach Freeport zu fahren. Dies ist ebenfalls ein kleiner Ort, der hauptsächlich dafür bekannt ist, viele outlet stores zu haben. Viele Amerikaner fahren hierhin, um Weihnachtseinkäufe zu tätigen, und ich werde geblendet von so viel „Christmas Dekoration". Für meine deutschen Augen ist das eine glatte Überforderung, und ich weiß gar nicht, wo ich zuerst hingucken soll. Welcher von den zwanzig Weihnachtsbäumen ist denn nun der schönste?

Unsere Fahrt geht weiter nach Portland, wo wir in einem Hotel in der Nähe der Innenstadt einchecken und uns zu Fuß auf den Weg machen, um etwas zu Abend zu essen. Anschließend bummeln wir ein wenig durch die Straßen. Die Geschäfte sind noch geöffnet, und wir sehen einige Gruppen, meistens nur aus Frauen bestehend, die mit weihnachtlicher Dekoration auf dem Kopf und einem Getränk in der Hand shoppen gehen. Da sie ziemlich lustig sind, gehe ich davon aus, dass es sich um alkoholische Getränke handelt. Das überrascht mich, denn ich war davon ausgegangen, dass es in den USA genauso wie in Kanada verboten ist, auf der Straße Alkohol zu trinken.

Ein Besuch in Portland darf für einen Küstenmenschen wie mich natürlich nicht enden, ohne den dort ansässigen Leuchtturm zu besichtgen. Der Portland Head Light ist der älteste Leuchtturm in Maine. Die Errichtung begann 1787, musste aber aufgrund mangelnder Finanzierung abgebrochen werden und konnte erst 1790 fertiggestellt werden. Der amerikanische Schriftsteller Henry Wadsworth Longfellow soll den Leuchtturm oft besichtigt haben. Die

Leuchtturmwärter waren seine Freunde, und waren davon überzeugt, dass er hier zu seinem Gedicht „Der Leuchtturm" inspiriert wurde. Henry Wadsworth Longfellow wurde vor allem berühmt, als er die Geschichte „Evangeline" verfasste. Sie handelt von der Liebe zwischen zwei Akadiern, die nach ihrer Verlobung auf zwei verschiedenen Schiffen aus Nova Scotia in Richtung Louisana gebracht werden. Die Akadier waren Nachkommen der französischen Siedler in New Brunswick, Nova Scotia und Prince Edward Island, die von 1755 bis 1762 in Schiffe gepfercht und nach Massachusetts und in die Sümpfe Louisanas verfrachtet wurden, als sie sich geweigert haben, einen Treueeid auf die britische Krone zu leisten.

Nach der Besichtigung des Leuchtturms geht es weiter nach Boston. Es schneit an diesem Tag sehr stark, und der Verkehr geht schleppend voran.

Wir übernachten in einem Hotel etwas außerhalb und fahren am nächsten Tag mit der subway in die

Stadt. Auf meinem Wunsch hin besichtigen wir zunächst den Prudential Tower, der in alle vier Himmelsrichtungen einen fantastischen Ausblick auf Boston bietet. Ich kann mich gar nicht satt sehen an dieser Stadt, die sich mit glasklaren blauem Himmel und Sonne satt von seiner schönsten Seite zeigt.

Anschließend laufen wir ein wenig durch die Straßen, und ich genieße den Flair der Großstadt. Einige Straßen erinnern mich an Hamburgs Innenstadt, und ich fühle mich ein wenig heimisch. Wir kommen an der öffentlichen Bücherei vorbei und gehen hinein, da auf einem Schild draußen angekündigt wird, dass sie heute einen Bücher-Sale machen. Der Abstecher lohnt sich, wir kaufen zwar keine Bücher, aber es ist eine sehr schöne Bibliothek in einem alten Gebäude mit einem beeindruckenden Innenhof.

Weiter geht es zum CommunPark. Es ist einer dieser schönen Tage mit Sonne und blauem Himmel, aber auch sehr kalt, so dass wir danach in einem Café einkehren, um uns aufzuwärmen. Es heißt Café Nero, und es sitzen viele junge Menschen mit ihren Laptops an den Tischen, die völlig vertieft in ihre Arbeit zu sein scheinen und kaum den Blick heben, wenn sich jemand zu ihnen an den Tisch setzt. Herrlich, denke ich und stelle mir vor, eine von ihnen zu sein. Ich könnte hier auch Stunden mit einem guten Buch verbringen. Aber ich will natürlich noch mehr von dieser interessantes Stadt sehen, und so gehen wir weiter zum Faneuil Hall Marketplace. Schon auf dem Weg dorthin sehen wir viele junge Menschen, die als Weihnachtsfrau- oder -mann verkleidet sind und durch die Bars ziehen. Es ist noch früh am Tag, Samstagnachmittag, aber offenbar gehen die amerikanischen Partys eher los als die deutschen.

Die Faneuil Hall ist eines der ältesten Gebäude von Boston. Im Innenraum befinden sich diverse Geschäfte und kleine Imbissstände mit Essen aus allen fernen Ländern. Auch außen um das Gebäude herum gibt es viele Geschäfte, Bars und

Restaurants. Am frühen Abend sind wir hungrig, aber es ist gar nicht so einfach, ohne Reservierung noch einen freien Platz in einem der Restaurants zu bekommen. Wir enden schließlich an einem Platz an der Theke in einem großen Irish Pub. Nach einer Weile komme ich ins Gespräch mit einer Frau, die neben mir sitzt, und sie ist total fasziniert, als ich ihr erzähle, dass ich aus Deutschland komme. „How exciting!" Ich selbst finde es hier auch sehr aufregend, und erneut kommen mir Bilder von amerikanischen Filmen oder Serien wie „Ally Mc Beal" oder „Sex and the city" in den Kopf. Ich stelle mir vor, wie es ist, hier zu leben und ein cooles Leben wie Carrie Bradshaw zu führen.

An dem letzten Tag unseres Aufenthalts in den USA regnet es „cats and dogs", und wir fahren nach Salem, einer kleinen Stadt in der Nähe von Boston. Sie wurde durch Hexenprozesse, die im Jahr 1692 stattfanden, bekannt und wird deshalb auch „The Witch City" genannt. Es gibt ein paar

Hexenmuseen, die allerdings alle saisonbedingt geschlossen sind, aber ich komme dennoch in den Genuss der Begegnung mit einer wirklich unheimlichen Gestalt. In einem Einkaufszentrum suche ich eine öffentliche Toilette auf, und am Waschbecken steht eine Frau mit Sonnenbrille und trocknet sich ihre nassen Haare an dem Händetrockner. Ich schließe mich in der Toilette ein, und sie fragt mich nach der Uhrzeit. Als ich herauskomme, ist sie immer noch damit beschäftigt, ihre Haare trocken zu bekommen. Wir sprechen ein wenig über das Wetter, und sie fragt mich, wo ich herkomme. Dann sagt sie „I`m on a punishment, the cops watch me all the day!" Ich spüre, wie mein Herz schneller schlägt, verabschiede mich höflich und zerre Daniel Richtung Parkhaus, während ich ihm mein skurriles Erlebnis in der Stadt der Hexen erzähle. Als wir aus dem Parkhaus herausfahren, erklingt ein schrecklich lautes Alarmsignal. Wir können zum Glück problemlos herausfahren, aber es kommen sowohl Polizei, Krankenwagen als auch

Feuerwehrwagen heran gerauscht. Ob das mit der Frau zu tun hat? Wer weiß? Vielleicht ist sie ausgebrochen und wird gesucht, womöglich hat sie eine Waffe, aber vielleicht habe ich auch einfach zu viel Fantasie.

Am Abend gehen wir mit Freunden von Daniel, die in Boston wohnen, essen. Das Restaurant liegt etwas außerhalb, aber der Weg hierher hat sich gelohnt. Das Essen ist delikat, und ich bin erstaunt, dass es möglich ist, in Amerika etwas anderes als Burger und Pommes zu servieren. Tom und Mary sind sehr nett, und wir haben einen geselligen Abend. Mary sagt, dass das einzige, was sie auf deutsch sagen kann „Mach schnell" ist. Ich möchte nicht darüber nachdenken, was das über die deutsche Mentalität aussagt.

Am nächsten Tag fahren wir zurück, und diesmal ist das Überqueren der amerikanisch-kanadischen Grenze ein einziges Abenteuer. Wir müssen in das Grenzgebäude gehen und sehr viele Fragen beantworten. Eigentlich hätte ich diesen Prozess erwartet, als ich in Kanada ankam, da ich ohne Rückflugticket als Touristin eingereist bin. Der Grenzbeamte möchte wissen, wie Daniel und ich uns kennen gelernt haben, warum ich in Kanada bin und was ich dort mache. Er fragt, wo der Englischkurs, den ich besuche, genau ist, und wo ich in Deutschland zuletzt gearbeitet habe. Später möchte er mich allein sprechen und stellt nochmal in etwa dieselben Fragen. Ich komme mir wie eine Verdächtige in einem polizeilichen Verhör vor und bin sehr verunsichert. Habe ich etwas falsch gemacht, und wird er mich nicht über die kanadische Grenze lassen? Was geschieht dann mit mir? Muss ich direkt nach Deutschland zurück fliegen? Der kanadische Grenzbeamte gibt mir das Gefühl, nicht willkommen zu sein, aber letztendlich füllt er ein Formular aus, das mir erlaubt, bis einschließlich Ende Februar in Kanada zu bleiben. Daniel meint, das wäre alles gar nicht so schlimm, aber ich bin sehr erschöpft, als wir nach zwei Stunden das Grenzgebäude verlassen, um uns auf den Weg nach Hause zu machen.

Zurück in Quispamsis

Gleich nach meiner Rückkehr aus den USA lernen wir in einem Kochworkshop bei PRUDE, wie man Bibimbamp zubereitet. Dies ist ein beliebtes koreanisches Gericht, das mit Reis, verschiedenen Gemüsesorten, Nudeln aus Süßkartoffeln und Spiegelei hergestellt wird. Wer mag, kann auch noch Beef hinzufügen. Die Gemüsesorten und das Fleisch werden alle einzeln gebraten und dann wie ein Buffet in Schüsseln auf den Tisch gestellt. So kann sich jeder sein eigenes Bibimbamp nach seinem Geschmack zusammen stellen und eine Soße hinzufügen, auch hier nach Belieben scharf oder eher mild. Ganz oben drauf kommt das Spiegelei, und dann wird alles mit dem Reis auf dem Teller durchgemischt. Meine koreanische Mitstudentin Song hat den Workshop angeleitet, und nach der Zubereitung haben wir alle zusammen an einem großen Tisch unser selbst gemachtes Mahl genossen. Beim Essen bin ich ja bekanntlich bei neuen Dingen oft sehr skeptisch, aber es hat wirklich sehr gut geschmeckt.

An einem weiteren Tag backen wir Kekse. Das Grundrezept ist ähnlich, wie ich es auch kenne: Butter, Mehl, Zucker, Ei, Vanilleextrakt und Backpulver. Der Teig wird ausgerollt, und wir stechen die Kekse mit den verschiedenen Formen aus. Anschließend kommen sie in den Ofen und werden nach dem Backen mit einer recht süßen weißen Creme bestrichen und mit Zuckerstreuseln dekoriert. Wir haben viel Spaß zusammen, und die Kekse schmecken ziemlich süß, aber lecker.

In einem Kreativ-Workshop basteln wir Weihnachtstüten, und anschließend gibt es ein „Chistmas Potluck", ein Weihnachtsessen, zu dem jeder etwas mitbringt. Leider gibt es auch Hummer, was für mich als Vegetarierin und Tierschützerin nur schwer zu ertragen ist, und ich will nicht darüber nachdenken, wie er zubereitet wurde.

Und auf einmal ist der letzte Unterrichtstag bei "PRUDE" in diesem Jahr. Irgendwie bin ich ein wenig traurig, dass ich meine Mitstudentinnen die nächsten zwei Wochen nicht sehen werde. So verschieden die Kulturen und Länder, aus denen wir kommen, auch sein mögen, wir haben alle gemeinsam, dass wir nicht in dem Land leben, in dem wir geboren und aufgewachsen sind. Ich stelle Gemeinsamkeiten fest, wenn ich mit der einen oder anderen Frau spreche. Fast jede hat ein bisschen Heimweh und vermisst Familie, Freunde, die gewohnte Umgebung, die Arbeit oder Kollegen. Die meisten empfinden es hier in New Brunswick genau wie ich im Vergleich zu ihrem Herkunftsort als sehr ruhig. Mein Eindruck ist, dass die Menschen hier ziemlich zurückgezogen leben. Sie konzentrieren sich auf Familie und Arbeit, gehen aber nicht viel aus oder treffen Freunde, um gemeinsam etwas zu unternehmen.

Ich schaue auf das Foto, dass mir zwei gute Freundinnen aus Deutschland per whatsapp geschickt haben und werde ein wenig wehmütig. Es zeigt die beiden auf dem Weihnachtsmarkt in

Hamburg-Altona, wo sie mir mit einem Glühweinbecher in der Hand freudig strahlend zu prosten. Wie schön wäre es, dabei zu sein! Ich greife zu meinem Handy und rufe sie per Video-Call an. Es tut gut, sie zu sehen und zu sprechen. Wir erzählen uns gegenseitig, was in unserem Leben gerade so passiert, albern herum, lachen, und ich vergesse fast, dass sie gerade ganz weit weg sind.

Um mich ein wenig abzulenken und auch für mich ein bisschen Tradition aus Deutschland in die Weihnachtszeit zu bringen, backe ich Kekse. Leider kann ich hierfür nicht das gute alte Rezept von meiner Großmutter nehmen, da ich hierfür ein Gewürz brauche, für das ich nicht mal eine Übersetzung ins englische finde. Ich brauche also gar nicht erst versuchen, in Quispamsis Hirschhornsalz zu erwerben. Statt Vanillezucker muss ich mich mit Vanilleextrakt begnügen, aber ich schaffe es, einen Teig herzustellen, der schmackhaft ist, und ich vergesse die Zeit beim Ausstechen und Backen der Kekse.

Ein paar Tage vor Heiligabend stellen wir unseren Weihnachtsbaum auf und dekorieren ihn. Ich weiß, man kann darüber streiten, ob man nicht der Umwelt zuliebe auf einen Baum verzichten sollte, aber für mich ist es gerade in diesem Jahr, so weit weg von zu Hause, sehr wichtig, den Geruch von frischen Tannennadeln in der Nase zu haben. Daniels Vorschlag, seinen Plastikbaum aufzustellen, habe ich schlichtweg abgelehnt. Da würde ich es in der Tat vorziehen, ganz ohne Baum zu feiern.

Da ich der Meinung bin, dass man sich dem Land, in dem man lebt, ein wenig anpassen sollte, feiern wir das kanadische Weihnachten, was bedeutet, dass nicht Heiligabend der Höhepunkt ist, an dem es die Geschenke gibt, sondern der erste Weihnachtstag (Christmas-Day). Es gibt nur eine einzige Ausnahme: Ein paar Tage zuvor habe ich ein Paket aus Deutschland von meiner Schwester bekommen. Das öffne ich bereits am Heiligabend und freue mich wie ein kleines Kind über das darin enthaltene Schwarzbrot!

Anschließend gehen wir auf meinen Wunsch zu einer Messe in eine protestantische Kirche in Rothesay. Der Gottesdienst läuft hier ganz anders ab, als ich es kenne, wobei ich gestehen muss, dass ich n Deutschland lange nicht mehr in einer Kirche war. Für mich hat es hier mehr etwas von einem unterhaltenden Mix aus Theater, Gesangs- und Musikdarbietung und Vorlesungen von verschiedenen Leuten in allen Altersklassen. Es dauert eine gewisse Zeit, bis ich herausgefunden habe, dass die Frau in dem schwarzen Glitzerkleid die Pastorin ist. Es werden viele Lieder gesungen, von denen ich die meisten nicht kenne. Jeder bekommt eine kleine Kerze, die später angezündet wird, und nach dem Gottesdienst gibt die Pastorin jedem einzelnen persönlich die Hand und wünscht „Merry Chistmas". Ich empfinde es als sehr schön und angenehm.

Nach dem Kirchenbesuch fahren wir in den Lichterpark von Quispamsis. Das ist für die meisten Deutschen sehr gewöhnungsbedürftig, und so manch einer würde es sicher als Kitsch und zudem als reine Umweltsünde bezeichnen. Vom beleuchteten Tannenbaum, Rentieren mit Schlitten und Lebkuchenhaus ist alles vertreten, und es blitzt und blinkt in allen erdenklichen Farben. Die Kanadier lieben es, insbesondere natürlich die Kinder, die vor Aufregung über die am nächsten Morgen stattfindende Bescherung fast platzen. Insgesamt wird in der Vorweihnachtszeit hier nicht mit Weihnachtsbeleuchtung gespart. An fast jedem Haus leuchtet es bunt, bei dem einen mehr, bei dem anderen weniger, aber auf jeden Fall ist es mit deutscher Weihnachtsbeleuchtung nicht zu vergleichen.

Später am Abend habe ich unser Weihnachtsessen gekocht. Hier weigere ich mich als überzeugte Vegetarierin, an kanadischen

Traditionen festzuhalten, und so gibt es statt „turkey" einen vegetarischen Auflauf.

Nach dem Essen besuchen wir unsere Nachbarn Susan und Terry auf einen Umtrunk, wobei es nicht bei einem Drink bleibt und insgesamt ein ziemlich lustiger Abend wird.

Am nächsten Morgen gibt es die Bescherung. Danel ist vor allem begeistert über die von mir selbst gestrickten Socken, und Marty will seine neue Decke überhaupt nicht mehr loslassen. Cu bekommt etwas zu naschen, und ich werde mit einer Fitbit-Uhr beschert, die genau das richtige für die Neujahrsvorsätze ist.

Am zweiten Weihnachtstag, der hier Boxing-Day genannt wird, gehen wir mit Cu im Wald spazieren. Es ist ein schöner sonniger, aber sehr kalter Tag. Zu Hause wärmen wir uns ein wenig auf und gehen anschließend zum Schlittschuhlaufen auf einem öffentlichen Platz in Rothesay. Nach anfänglichen unsicheren Bewegungen auf dem Eis läuft es gut und macht mir richtig Spaß.

Erinnerungen aus meiner Kindheit tauchen auf. Meine ersten Schlittschuhe bekam ich mit acht Jahren zu Weihnachten und ging mit meinem Vater auf die damals zugefrorene Süderelbe, um meine ersten Versuche auf dem Eis zu wagen. Später als Jugendliche ging ich mit meiner großen Schwester in die Eissporthalle von Farmsen, und ich weiß noch genau, welches Lied gespielt wurde: „You can`t hurry love" von Phil Collins. Beschwingt drehe ich meine Runden über die Eisfläche, fühle mich wieder jung und bin vollkommen im Hier und Jetzt.

Silvester in Halifax

Wir beschließen, die Tage nach Weihnachten bis Anfang Januar in Halifax zu verbringen und buchen eine airbnb-Wohnung direkt in der Stadt. Marty bleibt zu Hause und wird von der Nachbarstochter versorgt, während Cu mit uns nach Halifax kommt, um dort bei Daniels Tochter und ihrem Mann seine Ferien zu verbringen.

Halifax ist die Hauptstadt von Nova Scotia und hat ca. 400.000 Einwohner. Daniel ist hier geboren und aufgewachsen, und ich selbst liebe diese Stadt, da sie eine Hafenstadt ist und in mir heimatliche Gefühle auslöst. Ich nenne sie insgeheim „mein kleines Hamburg".

Unser Domizil ist sehr zentral gelegen, so dass ich endlich die Möglichkeit habe, mich ohne Auto fortzubewegen, was ich auch ausgiebig ausnutze. Ich laufe zum Hafen herunter, in die Spring Garden Road, in der sich ein paar Geschäfte, Bars und Restaurants befinden und in den Stadtpark, Public Garden.

Am Tag vor Silvester fahren wir zunächst nach Chester, wo wir in der Nähe im letzten Sommer ebenfalls ein airbnb angemietet hatten. Es war ein kleines separates Haus auf einem Grundstück, auf dem auch die Vermieter leben. Es liegt wirklich in „the middle of nowhere", aber für einen romantischen Urlaub kann ich es nur empfehlen, denn es gibt sogar einen eigenen privaten Strand . Wir haben uns sehr gut mit den Vermietern verstanden, so dass wir einen kleinen Besuch abstatten wollen. Sie sind auch zu Hause, und freuen sich, uns wiederzusehen. Wir verbringen eine Weile dort, bevor wir weiter nach Lunenburg fahren, eine wunderschöne Stadt mit einem Naturhafen, die zum UNESCO-Weltkulturerbe erklärt wurde. Sie wurde 1763 von Siedlern, die vorwiegend aus Deutschland und der Schweiz kamen. Bis heute weiß man nicht genau, wer der Stadt den Namen Lunenburg gegeben hat. Einige sagen, es sei König Georg II von Großbritannien gewesen, der zugleich Kurfürst von Braunschweig-Lüneburg und nominell Herzog von Braunschweig und Lüneburg gewesen war. In Lunenburg spielten Fischerei und Schiffbau ein große Rolle, und heute ist es vor allem ein Ort, der vom Tourismus lebt.

Wir besuchen Clara, die Schwiegermutter von Daniels Tochter. Sie ist gebürtige Holländerin, kam aber schon als Teenager mit ihren Eltern nach Kanada und lebt alleine in einem wunderschönen Haus direkt am Atlantik. Wir verstehen uns sehr gut, und sie freut sich stets über einen Besuch von uns. Immer wieder bin ich von ihrem Wohnzimmerfenster überwältigt, das den Blick direkt auf den Atlantik freigibt. Clara bewirtet uns wie immer mit ein paar köstlichen Kleinigkeiten, und ich beschäftige mich mit ihren Mitbewohnern, zwei schwarz-weißen Katzen.

Am Morgen des letzten Tages des Jahres frühstücken wir traditionsgemäß im „Wired Monkey", einem Coffeeshop mit einem ganz besonderen Charme. Während Daniel die Bestellung aufgibt, lümmele ich mich schon mal in einen der gemütlichen Polstersessel und beobachte die anderen Gäste, einer meiner Lieblingsbeschäftigungen. Es ist ein Gemisch aus Studenten, Büromenschen, Kreativen, und ich male mir aus, wie es wäre, in dieser Stadt zu leben und hier regelmäßig einzukehren.

Am Nachmittag fahren wir zu Daniels Kusine Amely und deren Partner. Amely wohnt etwas außerhalb von Halifax. Sie fragt mich beim Ankommen, ob ich eine Allergie gegen Katzen habe. Bevor ich antworten kann, warnt Daniel, sie solle lieber aufpassen, dass ich ihren Kater nicht heimlich mitnehme. Sein Kommentar ist durchaus berechtigt, da mir der Vierbeiner auf Anhieb gefällt und zudem noch fast genauso wie mein Kater Lorbaß aussieht, der mich siebzehn Jahre lang auf meinen Lebensweg begleitet hat. Amelys Kater ist total zutraulich und verschmust. Später sorgt er kurz für Aufregung, als er anfängt, sich zu übergeben, wozu er sich natürlich auf den Teppich begibt, denn auf dem nackten Holzfußboden wäre es ja zu langweilig. Auch das erinnert mich stark an Lorbaß, der dafür stets aufs Sofa gesprungen ist. Zum Glück kündigt der Kater, wie es Katzen so tun, das Unheil vorher an, indem er eine Art hustend keuchendes Geräusch von sich gibt, so dass genug Zeit ist, ihn vom Teppich auf den schnöden, nackten Fußboden zu befördern.

Amely und ihr Freund sind sehr sympathisch, und wir haben, abgesehen von diesem kleinen Zwischenereignis einen unterhaltsamen Nachmittag zusammen.

Am Silvesterabend gehen wir zu einem sehr guten Italiener essen, wie wir es schon die letzten zwei Jahre in Halifax gemacht haben, und werden auch wieder von dem selben Kellner bedient. Ein Jahr zuvor arbeitete er zusammen mit einem Kollegen, der kurz davor war, eine große Reise nach Deutschland zu machen, und wir fragten den Kellner nach ihm. Er erzählte, dass der Kollege wieder zurück sei und auf seiner Reise eine sehr nette deutsche Frau kennen gelernt habe, die ihn auch schon besucht habe. Willkommen im Club, denke ich und lächle vor mich hin.

Nach dem Essen gehen wir traditionsgemäß wieder ins „Old Triangel", einen Irish Pub mit einer Life-Band. Letztere ist aber diesmal nicht so gut wie die Gruppe, die im Sommer gespielt hat, und ich bin ein wenig enttäuscht. Im August waren wir hier mit meiner Kusine und ihrem Mann und hatten sehr viel Spaß. Die Stimmung war super, es wurde viel getanzt und gesungen, und die Band hat jeden Musikwunsch des Publikums erfüllt. Ich würde jedem nach Halifax Reisendem unbedingt einen Besuch in diesem Pub empfehlen, da man ein Gefühl für das Leben hier entwickelt und sehr schnell in Kontakt mit den Einheimischen kommt. Die drei Männer, die heute Abend spielen, verkörpern nicht wirklich den Entertainer-Charakter, was meiner Meinung nach ungünstig ist, wenn man auf der Bühne steht. Die Lieder kenne ich fast alle nicht, und Wünsche aus dem Publikum werden ignoriert. So verbringe ich die letzten Stunden des Jahres 2019, was ich mir irgendwie anders vorgestellt hätte. Als im Pub die letzten Sekunden bis zum Beginn des neuen Jahrzehnts gezählt werden, frage ich mich, was die Zukunft für mich bringen wird. Um Mitternacht umarme ich Daniel und bin sorglos und glücklich, nicht ahnend was im Jahr 2020 geschehen wird. Eine halbe Stunde später hört die Gruppe auf, zu spielen, und die meisten Gäste sind bereits gegangen. Wir gehen in unsere airbnb-Wohnung und feiern dort noch ein wenig weiter.

Die ersten Tage von 2020

Am Neujahrstag besuchen wir Daniels Freund Tom und dessen Frau Katie. Außer uns ist noch ein weiterer Freund da. Jim lebt in Ontario und will jetzt wieder nach Halifax ziehen. Es werden viele lustige Geschichten von früher erzählt, welche die „Jungs" zusammen erlebt haben, aber es wird auch darüber geredet, was aktuell los ist. Tom fragt mich, wie ich New Brunswick finde, und ich antworte wahrheitsgemäß, das mir Nova Scotia besser gefällt. Ich weiß nicht genau warum, aber ich habe ein ganz anderes Gefühl, wenn ich in Halifax und Umgebung bin. Natürlich ist es zum einen die Stadt, die mir gut gefällt, aber es ist auch Nova Scotia insgesamt. Tom sagt, dass mein Englisch seit meinem letzten Besuch sehr viel besser geworden ist, und das erfüllt mich mit Stolz.

Am 2. Januar fahren wir zurück nach Quispamsis, und es gibt jemanden, der ziemlich glücklich ist, uns wiederzusehen. Marty umgarnt mich mit all seinem Charme, um nach fünf Tagen des

Thunfisch-Fastens endlich wieder auf seine Kosten zu kommen. Wir haben vor unserer Abreise vergessen, die Dosen mit dem Thunfisch herauszustellen, so dass die Nachbarstochter ihm nur das schnöde Trockenfutter geben konnte.

Am nächsten Tag gehe ich endlich wieder in das Fitnessstudio, was wie zu erwarten sehr voll ist. Auch in Kanada scheint es die üblichen Neujahresvorsätze zu geben. Es ist mir aber egal, denn ich benötige nach dem vielen Sitzen und Essen über die Feiertage, dringend etwas Bewegung.

In der Nacht schneit es ein wenig, und mein Handy zeigt -2, gefühlte -8 Grad an, was nicht wirklich kalt für Kanada im Januar ist. Ich bin gespannt, ob ich den richtig harten Winter noch erlebe, bevor ich nach Hamburg fliege. Zwischenzeitlich habe ich einen Rückflug für Mitte Februar gebucht und freue mich darauf, Hamburg und meine Freunde wiederzusehen. Wie wird es danach weitergehen? Que sera sera!

Wintereinbruch

Ein paar Tage später schneit es heftiger, und am nächsten Morgen scheint die Sonne und der Himmel strahlt blau, aber der Schein trügt. Es sind jetzt -8 Grad, gefühlt wie -17 Grad. Letzteres liegt vor allem an einem eisigen Wind. Eigentlich will ich mit Cu eine Runde spazieren gehen, aber an meiner in Kanada gekauften Winterjacke ist der Reißverschluss kaputt und die anderen beiden Jacken, die ich aus Hamburg mitgebracht habe, sind absolut ungeeignet für den kanadischen Winter. Daniel liegt krank im Bett, so dass ich heute auch nicht in den Englischkurs fahren kann. Am Tag zuvor ist er wetterbedingt ohnehin ausgefallen. Als wir vor zwei Tagen einkaufen waren, wunderte ich mich, dass es so voll im Supermarkt war. Daniel sagte, das liege an dem Schneesturm, der für den nächsten Tag angesagt war. Tatsächlich kam es mir an dem Tag, an dem es so stark schneit, wie ein Sonntag vor. Wir waren wohl die einzigen, die trotz des Wetters mit

Cu zu einem Spaziergang fuhren. Alle Autos standen vor dem Haus, und niemand fährt zur Arbeit. Für solche Fälle haben die meisten Kanadier die Möglichkeit, von zu Hause zu arbeiten. Es haben hier übrigens alle eine Garage, die aber nicht dazu genutzt wird, das Auto darin abzustellen, sondern mehr als eine Art Keller dient, indem man Dinge aufbewahrt, die man im Haus nicht haben möchte. Warum soll man sich auch die Arbeit ersparen, das Auto von Schnee und Eis zu befreien?

Cu hatte den Ausflug in die Schneelandschaft genossen, und auch für mich ist es noch immer faszinierend, einen richtigen Winter zu erleben. Soviel Schnee habe ich zuletzt in meiner Kindheit gesehen, wenn überhaupt.

Als ich Nancy mitteile, dass ich im Februar nach Deutschland zurück fliegen werde, sagt sie, dass sie mich vermissen wird, da sie es genießt, meine schwierigen Fragen zu beantworten, die für sie eine Herausforderung wären. Das gibt mir ein gutes Gefühl, und gleichzeitig kommt ein bisschen Wehmut bei dem Gedanken auf, Nancy und die anderen Teilnehmerinnen aus dem Englischkurs erst mal nicht mehr wiederzusehen.

Es bleibt winterlich in Quispamsis, und ich gewöhne mir an, für einen Spaziergang mit Cu, mehrere Schichten Kleidung anzuziehen. Meist befindet sich außer mir kein anderer Mensch auf der Straße. Immer noch lasse ich mich von dem Anblick des klaren blauen Himmels mit Sonne täuschen, der für mich als Norddeutsche, die im Winter an grau verhangene Tage gewöhnt ist, einfach zum Hinausgehen verlockt. Sobald mir dann aber der eisige Wind schmerzhaft ins Gesicht bläst, werde ich eines besseren belehrt, und die Spaziergänge fallen dementsprechend kurz aus. Auch Marty hält sich zur Zeit nicht lange draußen auf. Eines Morgens war er gerade mal für drei Minuten hinaus gegangen, als ich in der Küche ein lautes Poltern vernehme. Ich sehe zur Küchentür, von der aus man zur Terrasse kommt und die in der oberen Hälfte mit einem Glasfenster versehen ist, und erblicke zwei Vorderpfoten und ein an der Scheibe platt gedrücktes Katzengesicht, das Bände spricht. Selbstverständlich leiste ich dem stillen Schrei „Lass mich rein, sofort!" sofort Gehorsam und öffne die Tür. Ein schwarze Blitz fegt an mir vorbei und sucht sich ein warmes, gemütliches Plätzchen.

Eines Tages gibt es ein weiteres Tier, das offenbar den Drang verspürt, in unser warmes Haus einzukehren. Ich sitze gerade im Basement und wärme mich nach einem Spaziergang mit Cu am Kamin auf, als plötzlich ein Reh erscheint und sich die Nase am Fenster plattdrückt. Es ist absolut faszinierend, und ich zücke sofort mein Handy, um dieses Bild festzuhalten. Wo sonst auf der Welt sieht einem ein Reh ins Wohnzimmerfenster?

Einige Tage später geht Daniels Erkältung erfolgreich auf mich über, wobei es bei mir nicht ganz so schlimm ist, aber ich habe ja auch keinen Männerschnupfen.

Diese Woche sprechen wir mit Nancy darüber, was man auf keinem Fall an einem Arbeitsplatz in Kanada tun sollte. Das meiste davon ist für mich keine Neuigkeit, da es sich um etwa dieselben Regeln handelt wie bei uns. Man sollte nicht zu persönlich werden, zu viel Privates erzählen oder gar Gerüchte über andere Personen verbreiten. Des weiteren sollte man kein Essen mit strengen Gerüchen am Arbeitsplatz kochen wie Fisch, Knoblauch und Zwiebeln kochen. Neu ist für mich, dass man auch kein Parfüm tragen sollte. Auch bei PRUDE bittet man mit einem Schild darum, auf das Benutzen von Duftstoffen zu verzichten.

Ein weiterer Grundsatz in Kanada, der sich deutlich von uns Deutschen unterscheidet heißt: „Kill them with kindness!" Das bedeutet, dass die Kanadier auch zu den Kollegen äußerst freundlich sind, die sie in Wirklichkeit nicht ausstehen können. Niemand würde hier einer Person zeigen oder sagen, dass er sie nicht mag. Das deckt sich mit dem, was ich hier erlebe, auch außerhalb der

Arbeitswelt. Die Menschen sind sehr freundlich oder zumindest höflich, und es gibt so gut wie nie ein böses Wort.

Eine weitere Besonderheit in Kanada ist etwas, was so manchen Deutschen wohl rasend machen würde. Die Kanadier sind sehr entspannt und hetzen nicht. Nancy spricht mit uns auch über Humor am Arbeitsplatz, und dabei wird dieser Satz erwähnt: „I have only two speeds. If this one isn`t fast enough, you`re not going to like my other one." Wenn man aus einem Land kommt, in dem jeder hetzt und stresst, kann das erst mal sehr gewöhnungsbedürftig sein, aber mittlerweile empfinde ich es als sehr angenehm. Keiner drängelt sich vor, stattdessen stellt sich jeder ordentlich in der Warteschlange an. Es wird nicht gemeckert, wenn es mal etwas länger dauert, sondern ruhig gewartet. Das Wort Ungeduld findet im Sprachgebrauch der Kanadier keine Anwendung. Die Menschen gehen hier auch langsamer, und falls jemand überholen will, wird höflich gefragt und nicht einfach der andere beiseite gestoßen. Nancy erzählt, dass es eine Art Kulturschock für sie war, als sie einmal in Italien und Frankreich auf Reisen war. Sie habe sich aber nicht aus der Ruhe bringen lassen und ist weiter in ihrem langsamen Tempo gegangen. Ich muss schmunzeln, als sie dies erzählt und ich mir vorstelle, wie Nancy ganz gemächlich in Rom auf einer Straße voller Betrieb dahinschlendert, während die Italiener und europäische Touristen an ihr vorbei hasten.

Die nächsten Tage schneit es wieder gewaltig, und ich mache Bekanntschaft mit der Schneefräse. Auch das Auto muss vom Schnee befreit werden, da es ja sinnigerweise vor der Garage steht. Für Daniel ist der Schneefall von 20 cm „not a big deal". Ich denke, er weiß, wovon er spricht, denn er hat mal für ein paar Jahre in Neufundland gelebt. Dort sind an diesem Wochenende 75-90 cm Schnee heruntergekommen, und dazu gab es einen Sturm mit einem Wind von über 100 km/h.

Geschäfte, Schulen und Hauptstraßen blieben dort für einige Tage geschlossen.

Dagegen ist es hier natürlich das reinste Kinderspiel. Die Kanadier sind im Gegensatz zu uns Norddeutschen für den Schneefall sehr gut organisiert. Ich bin beeindruckt, wie schnell die Straßen frei geräumt werden, noch dazu an einem Sonntag. Fast jeder mit einem Haus hat eine Schneefräse und räumt sein Grundstück und das Auto frei, damit er morgen wieder ungehindert zur Arbeit fahren kann.

Es ist aber doch ein ganzes Stück Arbeit, das Grundstück vor dem Haus und das Auto von den Schneemassen zu befreien. Dann müssen noch Wege hinter dem Haus erstellt werden, damit Marty zu dem Grundstück der Nachbarn gelangen kann, ohne im Schnee zu versinken. Als wir damit fertig sind, bestehe ich darauf, noch einen Ausflug zu machen. Wir packen Cu ins Auto und fahren in ein nahe gelegenes Waldstück. Der Schnee ist hier so tief, dass man bis weit über die Knöchel versinkt, und ich genieße den Winter pur. Auch Cu hat viel Spaß beim Herumtoben im Schnee. Der einzige, dessen Begeisterung sich in Grenzen hält, ist unser Chauffeur.

Ende Januar gehe ich das erste Mal zum Friseur, seit ich in Kanada bin. Da ich in Deutschland zu einem Naturfriseur gehe, war es nicht so einfach, hier etwas Vergleichbares zu finden, aber ich bin dann doch erfolgreich und finde sogar direkt in Quispamsis ein kleines Friseurgeschäft, das mit Pflanzenfarben arbeitet. Als ich der Friseurin erzähle, dass ich aus Deutschland komme, fragt sie mich, ob ich schon in dem deutschen Restaurant in der Nähe von Sussex war. Ich erkläre ihr, dass deutsches Essen in der Regel viel mit Fleisch beinhaltet und ich Vegetarierin bin. Sie selbst und ihre Kollegin sind begeistert von dem Restaurant, in dem Schnitzel, Wurst, Spätzle und ähnliches serviert werden. Selbstverständlich hat es den Namen „Old Bavarian Restaurant". Wenn die Kanadier sich Deutschland vorstellen, denken sie an Bier, Wurst, Sauerkraut, Lederhosen, Dirndl und Angela Merkel. Es kostet viel Zeit und Geduld, einem Kanadier zu erklären, dass die Vorstellung über Deutschland (abgesehen von Angela Merkel) nur einen kleinen Teil des Landes betrifft. Die meisten haben noch nie etwas von Hamburg gehört, dafür aber umso mehr von Heidelberg. Das liegt wohl daran, dass Kanadier an Deutschland oder überhaupt Europa im wesentlichen das Alte fasziniert, und Heidelberg hat sowohl ein Schloss als auch eine barocke Altstadt zu bieten. Auch Daniel war bei seinem ersten Besuch in Hamburg weitaus mehr von dem alten Bunker an der Feldstraße beeindruckt, als von Alster, Elbe und Hafen.

Aber so ist es wohl, wenn man sich ein Land vorstellt in dem man noch nie war. Man hört Geschichten, Gerüchte, liest Zeitungsberichte oder sieht einen Bericht im Fernsehen, der ein bestimmtes Bild von einer Region zeichnet. Auch viele Deutsche denken bei Kanada nur an Kälte,

Schnee und Eis, Eishockey, Bären und viel Natur, und ich muss zugeben, dass meine Vorstellungen von diesem Land sich mit diesen gedeckt haben, bevor ich Daniel kennen lernte. Nun aber weiß ich, dass dies nur einen kleinen Ausschnitt von Kanada bildet. Im Winter ist es hier eindeutig kälter, und es gibt mehr Schnee und Eis, aber der Sommer ist beständiger, wärmer und sonniger als in Norddeutschland. Quispamsis liegt übrigens geografisch auf der Höhe von Norditalien, ist also viel südlicher als Hamburg. Der größte Anteil der Kanadier lebt nahe zur Grenze der USA, im südlichen Teil des Landes. Es gibt hier viel Natur, aber wer sich vorstellt, dass die Kanadier sich viel draußen aufhalten, wandern gehen,in die Berge steigen und Kajak fahren, liegt komplett fehl. Mein Eindruck ist, dass dies im wesentlichen die (deutschen) Touristen machen, während die Kanadier lieber zu Hause in ihrem Garten bleiben und im Winter viel Zeit vor dem Fernseher verbringen. Und was die Bären angeht: Ich habe noch keinen gesehen, dafür aber umso mehr Rehe.

Wir sprechen bei PRUDE über unsere Hobbies, und als ich erwähne, dass ich Trainerin für Zumba bin, sind sie alle begeistert und wollen eine Stunde mit mir zusammen machen. Das braucht man mich nicht zweimal zu fragen, und so gebe ich in der nächsten Woche eine Stunde Zumba, das erste Mal in englisch und mit Teilnehmerinnen, die das noch nie gemacht haben, so dass es auch für mich eine neue Herausforderung ist. Daniel kann sich entscheiden, ob er mitmachen oder fotografieren will, und wählt überraschenderweise Letzteres. Da es eher ungünstig ist, Zumba in unserem Klassenraum zu veranstalten, organisiert Gloria einen Raum für uns, der ganz in der Nähe liegt. Wir sind insgesamt acht Frauen mit der gleichen Anzahl von verschiedenen Nationalitäten. In meinem Kurs ist Kanada, Bangladesch, Ukraine, Mexiko, China, Spanien, Frankreich und Deutschland vertreten, und alle acht Länder haben sehr viel Spaß, ebenso der im Raum anwesende männliche Fotograf. Daniel muss, wie nicht anders zu erwarten, nicht nur für mich, sondern auch für alle anderen weiblichen Kursmitglieder Fotos machen und beschwert sich ein wenig, aber ich weiß, dass er es in Wirklichkeit ganz in seinem Element ist.

Eisfischen

An einem dieser sonnigen, kalten Tage fahren wir zum Kennebecasis River in Rothesay. Der Fluss ist seit langem zugefroren, und es stehen kleine Hütten auf dem Eis. Diese Hütten gehören Leuten, die sich einem ganz speziellem Hobby widmen, dem Eisfischen. Sie haben in der Hütte am Boden kleine Löcher, aus denen sie die „smelts" (Stints) angeln. Einige angeln auch außerhalb der Hütte. Wir treffen auf ein paar Eisfischer, und als Daniel ihnen erzählt, dass ich aus Deutschland komme, finden sie das sehr spannend. Einer von ihnen erzählt, dass er mal in Norddeutschland war, und nachdem ich ein paar Städte aufgezählt habe, kommt heraus, dass er tatsächlich in Flensburg gewesen ist! Das finde ich sehr lustig. Die meisten Kanadier, die ich hier treffe, und die schon mal in Deutschland waren, kennen eher Süddeutschland, vor allem Bayern und den Schwarzwald, manche vielleicht noch Berlin. Aber Flensburg kennen auch die meisten Deutschen nur vom Punkte sammeln beim Verkehrsamt, wohingegen ich selbst einen Großteil meiner Schulferien in dieser wunderschönen Kleinstadt bei meiner Großmutter verbracht habe

Da es Nachmittag ist, sind noch nicht viele Eisfischer am Werk. Die meisten kommen erst abends oder am Wochenende. Daniel erzählt, dass hier früher zweimal am Tag Getränke (vor allem Alkohol) geliefert wurde. Jetzt müssen die Leute sich hier selbst versorgen, was aber gut zu klappen scheint. Viele übernachten auch in diesen kleinen Hütten, was ich mir doch ein wenig unheimlich und zudem nicht sehr gemütlich vorstelle. Die Hütten stehen fast alle dicht zusammen und wirken wie ein kleines Dorf. Nur ein Häuschen steht sehr viel weiter draußen auf dem Fluss. Ich bin total fasziniert von diesem Anblick, und komme aus dem Staunen nicht heraus, als ich auch noch ein Auto auf das Eis fahren sehe. Das Wetter zeigt sich von seiner besten Seite und lässt all meine Vorstellungen von einem perfekten Winter wahr werden. Daniel und ich setzen uns ein wenig auf die Bank und lassen uns die Sonne ins Gesicht scheinen. An einer Stelle etwas abseits von den Hütten spielen ein paar Leute Eishockey. Kanadischer kann es nicht mehr werden, denke ich, als plötzlich ein Motorengeräusch erklingt und ein Motorradfahrer vor uns direkt auf den Fluss braust. Mir wird klar, dass der Begriff Wintersportarten hier in Rothesay, einem Ort, von dem die meisten Menschen nie in ihrem Leben etwas gehört haben und vermutlich auch niemals hören werden, eine ganz neue Dimension bekommt.

Wie geht es weiter?

Nun ist es nicht mehr lang, bevor ich zurück nach Hamburg fliege, und ich habe keinen blassen Schimmer, wie es weiter gehen soll. Das hatte ich mir anders vorgestellt, als ich Ende Oktober hierher kam. Ich war fest davon überzeugt, nach drei Monaten zu wissen, ob ich mir ein Leben in Kanada vorstellen könnte oder nicht. Aber in meinem Kopf ist nur eine Nebelwolke und viele Fragezeichen. Warum nur ist das so schwierig, warum scheinen andere Menschen ihren Weg immer ganz genau zu kennen? So wie die Französin im Englischkurs, um nur ein Beispiel zu nennen. Sie ist 48 Jahre alt und mit ihrem Partner und ihren Katzen nach Kanada gekommen. Ich habe sie nach dem Grund gefragt, und sie meint, sie wollte immer schon in ein anderes Land gehen, etwas Neues wagen, ein Abenteuer erleben. Sie war deutlich mutiger als ich und ist schon komplett hierher gezogen. Ich selbst bin hin- und hergerissen. Nach drei Monaten habe ich natürlich auch ein paar Dinge, die mir hier, abgesehen von Daniel, Marty und Cu lieb geworden sind. Auf jeden Fall werde ich den Englischkurs bei PRUDE mit all den interessanten Menschen aus so verschiedenen Kulturen und den sehr freundlichen und überaus engagierten Lehrerinnen vermissen. Auch der Zumbakurs im GoodlifeFitness und die anderen Kursteilnehmerinnen werden mir fehlen sowie die lockere und entspannte Einstellung der Kanadier und das traumhafte Winterwetter mit blauem Himmel, Schnee und viel Sonne.

Aber dann denke ich wieder an Hamburg und meine Freunde und frage mich, ob ich das wirklich aufgeben und für immer hier leben könnte. Es ist etwas anderes, ob ich für eine gewisse Zeit ins Ausland gehe oder meinen Lebensmittelpunkt komplett an einen Ort verlagere, der weit weg von dem Land ist, in dem ich über 50 Jahre verbracht habe. Ich liebe die Möglichkeit in Hamburg, überall hinzugehen, wo immer ich auch hingehen möchte, ohne mit dem Auto fahren zu müssen. Es ist schön, wenn ich andere Menschen sehen und überall einen Kaffee trinken gehen oder essen gehen kann, ohne weit fahren zu müssen. Nach den drei Monaten hier habe ich festgestellt, dass soziale Kontakte für mich sehr wichtig sind. Ich könnte niemals auf einer einsamen Insel oder einer Blockhütte fernab von jeder Zivilisation leben. Und es gibt noch etwas, was ich hier in Kanada schmerzlich vermisst habe und auf das ich mich riesig freue, wenn ich nach Deutschland komme. Es ist wirklich und wahrhaftig das gute deutsche Vollkornbrot!

An einem meiner letzten Tage bei PRUDE habe ich eine interessante Unterhaltung mit der Ukrainerin Nadja und der Koreanerin Kim. Letztere lebt schon seit 20 Jahren in Kanada, während Nadja erst seit einem halben Jahr hier ist. Ich erzähle, dass ich nächste Woche nach Hamburg fliege, und sie wollen wissen, wie es bei mir weitergeht und ob ich zurückkomme. Wenn ich das doch nur selbst wüsste! Ich zucke ratlos mit den

Schultern, und frage Kim, ob sie in der ersten Zeit in Kanada nicht manchmal Heimweh gehabt hätte. Sie antwortet, das wäre schon passiert, hätte sich aber mit der Zeit gegeben. Bei Nadja ist es ähnlich wie bei mir, an manchen Tagen möchte sie am liebsten zurück, und an anderen Tagen liebt sie es, hier zu sein.

Nun verstehe ich, wie es Menschen gehen muss, die das Land, in dem sie geboren und aufgewachsen sind, verlassen, um woanders zu leben. Vielleicht ist es das Schicksal solcher Menschen, nirgendwo ganz zu Hause zu sein, nicht mehr in dem Herkunftsland, aber auch nicht in dem Auswandererland. Sie sind fremd in dem alten und dem neuen Land, finden ihre Zugehörigkeit vielleicht nur bei anderen Auswanderern, die das gleiche fühlen. Es ist nicht einfach. Die Fragezeichen in meinem Kopf werden nicht weniger.

Ich denke, dass keiner es wirklich nachvollziehen kann, wie man sich in dieser Situation fühlt, so lange man es nicht selbst ausprobiert hat. Damit meine ich wirklich, ein Leben mit einem festen Wohnsitz in einem ganz anderen Land zu führen und den Alltag dort zu leben und nicht etwa ein paar Wochen oder Monate herum zu reisen. Nun bin ich erst ein paar Monate hier, und doch fühlt es sich ein wenig heimisch an, während ich gleichzeitig Heimweh nach Deutschland habe. Ich bin erstaunt, wie schnell es geht, dass ich mich wie in einer Art Zwischenwelt fühle und zwei völlig verschiedene Orte als mein Zuhause empfinde.

Die Abreise

Die letzten Tage vor meinem Abflug verbringe ich mit vielen Spaziergängen, manchmal mit Daniel und Cu, manchmal allein, um den Kopf frei zu bekommen. Immer und immer wieder frage ich mich, wie es jetzt weitergehen soll, während ich durch die kanadische Winterlandschaft schlendere und die frische Luft einatme. An einem Sonntag gehe ich in die Qplex-Halle und sehe ein paar Ortsansässigen beim Eishocky-Spielen zu. An einem der letzten Tage fahren wir mit der Fähre nach Kingston Peninsula. Wer Quispamsis für ruhig und abgelegen hält, der wird hier eines besseren belehrt. Hier kann wirklich nur leben, wer eine ausgesprochene Vorliebe für Einsamkeit hat. Das Wetter zeigt sich mal wieder von seiner besten kanadischen Winterseite, und so verfalle ich in romantische Träumereien, in denen ich mir vorstelle, hier zu leben. Wir fahren an einer kleinen Farm mit Pferden, Gänsen und Hühnern vorbei. Kann es noch mehr Idylle geben?

Dann ist er da, mein letzter Tag in Kanada. Morgen geht die lange Reise nach Hamburg los. Ich werde mit Daniel vier Stunden mit dem Auto nach Halifax fahren, und von dort fliege ich nach Toronto, dann weiter nach London und von dort nach Hamburg, wo ich einen Tag später am Vormittag deutscher Zeit ankommen werde. Meine Gefühle sind durchmischt; von Vorfreude bis Trauer ist alles dabei. Ich blicke aus dem Fenster in meinem Zimmer und sehe den Schnee rieseln und weiß, dass ich diesen Anblick ab morgen nicht mehr haben werde.

Während ich meine zwei Koffer packe, stelle ich fest, dass nicht einmal ansatzweise alles hinein passt, was ich hergebracht habe. Ich blicke in mein „closet", einen eingebauten Wandschrank, der hier im Gegensatz zu den deutschen Kleiderschränken in fast allen Häusern zu finden ist, und sehe, dass er noch immer gut bestückt ist. Auch einige Schuhe und Bücher werden hier bleiben müssen. Mit meinen Sachen ist es im Grunde genommen genauso wie mit meinem Herzen. Ein Teil davon bleibt hier und wird morgen sehr schwer werden, wenn ich mich von meinen drei Jungs verabschieden muss. Marty legt sich auf meinen voll gepackten Koffer, so als wolle er mir sagen, dass ich nicht gehen soll.

Wie es jetzt weitergeht? Ich habe immer noch keine Ahnung, aber es wird sich ein Weg finden. Meine Gedanken schweifen zurück zu den letzten dreieinhalb Monaten und ich bin dankbar für diese sehr wertvolle Erfahrung, die ich nicht missen möchte. Ich habe viele neue nette Menschen aus den verschiedensten Ländern kennengelernt, mein Englisch aufpoliert, so viel Sonne und Schnee wie noch nie im Winter gesehen, zum ersten Mal einen Blog geschrieben und mein Herz an diese freundlichen und entspannten Menschen verloren. Es gab Tage, an denen ich am liebsten sofort wieder nach Hamburg wollte, aber die meiste Zeit habe ich hier sehr genossen und bin froh und dankbar für die dreieinhalb Monate, die ich hier verbringen durfte.

Dann ist der Moment da, an dem ich mich am Flughafen von Daniel verabschieden muss. Es tut weh, als ich ihm ein letztes Mal winke, bevor ich in der Sicherheitskontrolle verschwinde und mein Herz weiß schon jetzt, dass ich wiederkommen werde.

In Hamburg

Die Wohnung riecht fremd und sieht anders aus, als ich sie nach meinem langen Flug aus Kanada betrete. Ich merke sofort, dass hier eine andere Person während meiner Abwesenheit gelebt hat. Die Schauspielerin vom englischen Theater, der ich die Wohnung in der Zeit überlassen hatte, hat sich hier ausgetobt. Sie hat viele neue Dinge angeschafft und da gelassen und anderes von mir umgeräumt. Ich brauche lange, um meinen Kaffeefilter zu finden und auch so einige andere Dinge. Sie hat mit anderen Gewürzen gekocht als ich, und es steht eine große Mikrowelle in der Küche, die mich sofort erdrückt. Ich rufe meine Freundin Barbara an, denn es ist geplant, dass ich die nächsten zwei Tage bei ihr übernachte, da in der Wohnung über mir gerade laute Renovierungsarbeiten im Gange sind und ich nicht morgens um 8 Uhr (für mich nach kanadischer Zeit 3 Uhr in der Nacht) vom dem Lärm aus dem Bett fallen möchte. Die Mikrowelle gehört ihr und war eine Leihgabe an die Schauspielerin.

Die nächsten zwei Tage pendel ich zwischen Barbaras Wohnung in der Nacht und meiner am Tage hin und her und beschäftige mich mit Auspacken und bürokratischen Dingen, die erledigt werden müssen.

Zwei Tage später übernachte ich das erste Mal in meiner Wohnung, und es ist ein schönes Gefühl. Nun bin ich in Hamburg angekommen. Ich genieße es, alle für mich wichtigen Orte ohne Auto erreichen zu können und treffe fast jeden Tag Freunde. Die deutsche Hektik springt schon nach kurzer Zeit auch auf mich über, und manchmal sehne ich mich nach der Ruhe in Kanada zurück. Ich melde mich in meinem Sportverein an und gehe fast jeden Vormittag zum Sport. Die zusätzlichen Pfunde, die ich mir in Quispamsis zugelegt habe, schwinden langsam wieder, und ich fühle mich gesund und fit.

Ich gehe viel am Eilbekkanal spazieren und genieße die Vorboten des Frühlings. Es herrschen milde Temperaturen, und die Vögel sind bereits aus ihrem Winterquartier zurückgekehrt.

Ich telefoniere viel mit Daniel und vermisse ihn. Bereits nach zwei Wochen ist der nächste Flug nach Halifax gebucht.

„Willst Du das wirklich?"; fragt mich eine Freundin. „Ich glaube, Du bist hier glücklicher." Hat sie Recht? Tief in meinem Inneren weiß ich, dass ich das nur herausfinden kann, wenn ich mich erneut auf die Reise begebe.

Der zweite Aufbruch nach Kanada

Am Donnerstag, den 12. März lande ich am Abend in Halifax, wo Daniel mich abholt, um mit mir nach Quispamsis zu fahren. Ich habe entgegen meiner Befürchtungen auch keine Probleme mit den Grenzbeamten am Flughafen. Sie fragen mich lediglich, ob ich die letzten zwei Wochen in China oder Italien war. Die einzige negative Überraschung am Flughafen ist das Fehlen einer meiner Koffer. Dann aber kommt der große Schock. Ich war nur einen Monat in Hamburg, und doch ist es, als hätte sich die Welt um 180 Grad gedreht. Einen Tag nach meiner Ankunft in Kanada verkündet Trudeau, dass Kanadas Grenzen nun für Menschen, die nicht die kanadische Staatsangehörigkeit oder eine permanente Aufenthaltsgenehmigung haben, geschlossen bleiben. Hätte ich meine Reise nur eine Woche später geplant, würde ich nun in Hamburg sitzen und hätte keine Chance, ins Land zu kommen, und Daniel und ich hätten uns für eine sehr lange Zeit nicht sehen können.

Trudeaus Frau selbst hat den Corona-Virus, aber es geht ihr gut. In New Brunswick gibt es bisher nur zwei bestätigte Covid 19-Fälle. Die Schulen, PRUDE und auch die Fitnessstudios werden die nächsten zwei Wochen geschlossen bleiben. Sobald ich in den deutschen Nachrichten höre, dass dort weitere Maßnahmen zur Schließung öffentlicher Einrichtungen getroffen werden, scheint Kanada sehr schnell nachzuziehen. Irgendwie kommt es mir immer noch vollkommen surreal vor, und ich wünsche mir, dass ich demnächst aus diesem Alptraum erwache.

Wir gehen zusammen einkaufen und stellen fest, dass die Sucht, sich mit Unmengen von Toilettenpapier einzudecken, auch vor den Kanadiern nicht halt macht.

Abgesehen von meiner Enttäuschung, meine Freunde bei PRUDE nun erst mal nicht wiedersehen zu können, geht es mir gut. Ich werde hier wie gewohnt mit einem klaren blauen Himmel und Sonne verwöhnt, wobei es allerdings noch knackig kalt ist. Die Temperatur liegt zur Zeit bei -1 Grad, aber gefühlt wie -7 Grad. Das für mich Schöne aber ist die Wiederkehr der Helligkeit. In Kanada wurde schon auf Sommerzeit umgestellt, was bedeutet, dass es erst nach acht Uhr abends dunkel wird.

Marty und Cu sind glücklich, mich wieder zu sehen, was selbstverständlich auf Gegenseitigkeit beruht.

Ein paar Tage nach meiner Ankunft machen wir einen Ausflug in den Rockwood Park, der in der Nähe von Saint John liegt. Er wurde 1967 gegründet und ist 890 Hektar (8,9 Quadratkilometer) groß, so dass es genügend Platz gibt, um spazieren zu gehen, ohne einem anderen Menschen nahe zu kommen. Es gibt hier für jede der zehn Provinzen und der drei Territorien Kanadas einen Gedenkstein. Die Provinzen sind die Gliedstaaten Kanadas und sind weitgehend selbständig gegenüber der kanadischen Bundesregierung, während die Territorien (Nordwest-Territorien, Nunavit und Yukon, alle im Norden Kanadas gelegen) weniger eigene Kompetenzen haben.

Wir fahren auch noch einmal zu der Stelle am Kennebecasis River, wo die Eisfischer waren. Nun steht hier kein einziges Häuschen mehr. Vor kurzer Zeit, als die Häuser noch auf dem Eis standen, hat es gebrannt, und die Hütte, die sehr weit draußen war, ist komplett abgebrannt, weil die Feuerwehr nicht so weit auf das Eis fahren wollte. Wer mag wohl das Feuer gelegt haben?

Winter im Frühling

Heute ist der 20. März und damit offizieller Frühlingsanfang, aber davon sind wir hier meilenweit entfernt. Es liegt immer noch ein wenig Schnee, und es ist grau und regnerisch.

Mein zweiter Koffer glänzt weiterhin durch Abwesenheit, aber wir haben einen Anruf von air canada erhalten. Er wurde gefunden und befindet sich nach wie vor in Hamburg. Die airline versprach, ihn jetzt auf den Weg zu bringen, aber ich habe keine große Hoffnung, da ja immer weniger Flüge von Europa nach Kanada gehen.

PRUDE hat begonnen, jeden Tag einen online-Kurs über Facebook anzubieten. Nancy oder eine andere Mitarbeiterin macht ein life-Video, auf dem wir sie sehen können, sie aber uns nicht. Wir können lediglich Kommentare dazu schreiben. Man kann sehen, wer von den Teilnehmern dem Video zusieht, und bei dieser Gelegenheit entdecke ich, dass eine Frau mit dem Vornamen Anja dabei ist. Das klingt deutsch, denke ich und stelle ihr auf Facebook eine Freundschaftsanfrage, die auch von ihr bestätigt wird. Wir schreiben ein wenig hin und her. Sie kommt aus Koblenz, hat auf einer Karibikkreuzfahrt ihren kanadischen Mann kennengelernt und lebt jetzt seit fünf Jahren in Quispamsis. Das ist ausnahmsweise mal ein positiver Effekt von Corona, denn ohne dies hätte ich sie vermutlich nie entdeckt.

Ansonsten geht es Daniel und mir gut, und wir versuchen, das Beste aus der Situation zu machen. Auch hier sind mittlerweile alle Geschäfte bis auf Supermärkte, Drogerien und Baumärkte geschlossen. Gestern haben wir die Nachricht erhalten, dass sie auf Prince-Edward-Island auch die sogenannten "Liquor stores" dicht gemacht haben, so dass Daniel schnell losgefahren ist, um uns mit Bier und Wein einzudecken. Man kann hier im Gegensatz zu Deutschland kaum Alkohol in den Supermärkten kaufen. Dafür gibt es die „Liquor stores", und man muss mindestens 19 Jahre alt sein, um Wein, Bier oder andere alkoholhaltige

Getränke zu erhalten. Mittlerweile gibt es auch eine kleine Auswahl an Wein in den Supermärkten, und als ich einmal eine Flasche auf das Laufband legte, musste der junge Angestellte tatsächlich seine Kollegin holen, da er mit unter 19 Jahren nicht einmal die Flasche kassieren durfte!

Um hier keinen falschen Eindruck zu hinterlassen: es ist keineswegs so, dass wir uns regelmäßig betrinken, aber gerade in der jetzigen Situation, in der man zu Hause bleiben und keine sozialen Kontakte haben soll, ist es schön, ab und an ein Glas Wein oder ein Bier trinken zu können.

In New Brunswick gibt es zur Zeit 7 bestätigte Corona-Fälle, und in ganz Kanada liegt die Zahl noch unter 1000. Hier sind nun auch die Restaurants geschlossen, und man kann höchstens noch etwas zum Mitnehmen bestellen. Es erstaunt mich sehr, dass es in Deutschland noch erlaubt ist, die Restaurants bis 18 Uhr zu öffnen. Hier sind die Regeln zur Corona-Krise mittlerweile sehr streng. Beim Einkaufen gibt es

Sicherheitskräfte, die dafür sorgen, dass Abstand gehalten wird, man sich die Hände wäscht oder desinfiziert, bevor man einen Einkaufswagen berührt, und es gibt Pfeile am Boden, die dem Kunden die Richtung, in die sie laufen sollen, vorgeben.

Ich lese viel,stricke, bin im Internet unterwegs, gucke abends Serien auf Netflix und spiele mit Daniel Stadt Land Fluss oder ähnliches. Eigentlich möchte ich auch gerne jeden Tag Sport machen, aber leider habe ich zur Zeit heftige Rückenschmerzen, so dass ich vorsichtig sein muss.

Es kommen bei mir aber auch Sorgen hoch, was dieser Lockdown mit mir und uns allen macht, wenn wir tatsächlich wochen- oder monatelang zu Hause bleiben und auf jegliche sozialen Kontakte verzichten müssen. Ich bin ein geselliger Mensch und liebe es, rauszugehen und andere Menschen zu treffen. Home Office war nie eine Option für mich, denn für mich ist ein persönlicher Austausch mit den Kollegen sehr wichtig. Insofern bin ich dankbar dafür, dass PRUDE wenigstens die online-Kurse anbietet und ich auf diese Weise die Möglichkeit habe, mit anderen Menschen in Kontakt zu kommen. Gerade in dieser schweren Zeit halte ich es für wichtig, den Kontakt zu anderen Menschen aufrecht zu erhalten, auch wenn es nur über whatsapp, email, Telefon, Skype oder live Chats geht.

Ein paar Tage später werden meine Rückenschmerzen so stark, dass ich Daniel bitte, seinen Arzt anzurufen. Eigentlich habe ich aufgrund von Corona nicht die Hoffnung, dass er mich untersuchen wird, aber nach einem Telefonat, schlägt er vor, dass ich am Spätnachmittag nach Ende der offiziellen Sprechzeit vorbei komme. Er kennt Daniel seit über dreißig Jahren, und die beiden sind Freunde. Nach der Untersuchung, die seinen Anfangsverdacht auf eine eventuelle Nierenentzündung ausschließt, verschreibt er mir drei Medikamente: eines gegen die Entzündung, eines gegen Schmerzen und eines für den Magen. Ich verstehe zunächst nicht, wofür das Letztere sein soll, aber als ich am Abend die Schmerztabletten nehme, erschließt sich mir der Sinn. Mir wird schwindlig, und eine wahnsinnige Übelkeit mit weiteren Folgen, die ich hier nicht näher erläutern möchte, überkommt mich. Offenbar gibt es hier etwas härtere Mittel, die für meinen europäischen Magen nicht gemacht sind. Ich nehme ab dem nächsten Tag nur noch das entzündungshemmende Medikament, womit es mir deutlich besser geht.

PRUDE bietet nun ein paar mehr Kurse online an. Es gibt einen Buchclub, einen Kochworkshop, und andere Konversationskurse, und ich nehme an allen teil.

Endlich kommt auch mein zweiter Koffer an, und ich erhalte neben ein paar weiteren Kleidungsteilen auch zusätzlichen Lesestoff in deutsch.

Corona-Blues

Inzwischen habe ich eine Art Tagesroutine entwickelt. Morgens nach dem Aufstehen gibt es erst mal zwei große Becher mit starkem Kaffee. Dabei schaue ich mir die deutschen Nachrichten online an. Später frühstücken wir, und um 11 Uhr nehme ich am online-Kurs von PRUDE teil. Anschließend gehen wir mit Cu spazieren, wenn es nicht gerade „cats and dogs" regnet.

Nachmittags telefoniere ich oft mit Familie oder Freunden aus Deutschland, lese und machen ein bisschen Sport. Dann koche ich das Abendessen, und abends gucken wir einen Film oder eine Serie über Netflix. Zur Zeit sehen wir „Grace and Frankie", eine Serie mit Jane Fonda und Lily Tomlin, die ich absolut empfehlen kann. Am Wochenende machen wir an einem der Tage einen Ausflug mit dem Auto. Zuletzt waren wir am Mispec Beach, ein kleiner Strand in der Nähe von Saint John. Der Parkplatz war gut besucht, aber die meisten Kanadier stiegen nicht einmal aus dem

Auto aus, sondern begnügten sich damit, auf das Meer zu schauen. Ich weiß nicht, ob sie Angst haben, sich mit dem Corona-Virus anzustecken, oder ob es generell eine kanadische Variante des Ausflugs ist.

Nun befinden wir uns seit drei Wochen im „lockdown", und ich bekomme langsam einen Lagerkoller. Draußen ist wunderschönes Wetter, die Sonne scheint, und es sind 11 Grad. Ich möchte raus gehen und zwar möglichst nicht allein, sondern Freunde treffen, in ein Café gehen und das erste Mal draußen sitzen. Stattdessen sitze ich im Haus fest, werde immer missgelaunter und frage mich: Wie lange noch? Das mag egoistisch sein, denn im Gegensatz zu vielen anderen Menschen auf der Welt hab, habe ich es sehr gut. Für meine Grundbedürfnisse wie Essen, Trinken, ein Dach über den Kopf ist gesorgt, und ich bin gesund. Aber mir fehlen einfach die sozialen Kontakt zu Freunden und die Motivation, morgens aufzustehen, mich zu waschen und anzuziehen. Ich weiß, dass es wichtig ist, jetzt vernünftig zu sein, für sich zu bleiben und nur an Plätze zu gehen, wo sich wenig Menschen aufhalten, aber ich finde es nicht toll und hoffe sehr darauf, dass wir bald wieder ein halbwegs normales Leben führen können.

Viele meiner Freunde und Bekannten sagen, jetzt hätten sie endlich mal Zeit für die Dinge, die sie sonst immer vor sich herschieben, oder sie wären jetzt richtig kreativ. Das ist bei mir leider nicht der Fall. Ich möchte doch so gerne ein Buch schreiben, aber wenn ich vor dem Computer sitze, starre ich nur auf den Bildschirm, und es will mir einfach nichts einfallen. Mir fehlen die Eindrücke von außen und Erlebnisse, um kreative Ideen haben zu können. Bei mir führt die aufgezwungene Entschleunigung dazu, dass es mir schwer fällt, mich überhaupt noch zu etwas aufzuraffen. Nun war es ja schon vor Corona für mich sehr ruhig, was natürlich auch damit zusammen hängt, dass ich zur Zeit nicht arbeite. Letzteres vermisse ich tatsächlich, und ich bin sehr überrascht über mich selbst. Mir fehlt es, eine Aufgabe zu haben und mich mit Kollegen auszutauschen. Bevor ich im März erneut hierher kam, hatte ich mir vorgenommen, diesmal viel aktiver zu sein, mehr Kurse zu belegen, ehrenamtlich zu arbeiten und öfter in das Fitnessstudio zu gehen, damit ich nicht so viel im Haus sitze. Wir wollten außerdem im Land herum reisen, uns Quebec, Montreal, Toronto, die Niagarafälle und vieles mehr ansehen. Ich hatte so viele Pläne für meinen Aufenthalt in Kanada, aber dann kam Corona.

Wir fahren zum Rockwood-Park, "to blow the stink off us", und im Radio kommt das Lied „Eye of the tiger". Ich drehe die Musik auf, und Daniel fragt mich, ob ich ein Fan vom dem Film Rockie sei. „Nein, aber das Lied passt gerade zu meiner Stimmung", antworte ich. „I am in between sadness and madness." Daniel wirft mir einen besorgten Seitenblick zu.

An einem Samstag fahren wir nach Sussex. Das ist ungefähr 45 Minuten mit dem Auto von hier entfernt. Heidi erzählte mir, dass es dort eine deutsche Bäckerei gibt, und ich habe die Hoffnung, dort ein gesundes Vollkornbrot zu bekommen. Die Bäckerei wird von einem deutschen Ehepaar betrieben. Leider bin ich von dem Brot ein wenig enttäuscht, denn es unterscheidet sich kaum von dem, das man hier im Supermarkt kaufen kann. Es ist weich und eigentlich nur zum Toasten geeignet. Ich habe die Vermutung, dass man hier einfach nicht die Zutaten für ein kerniges Vollkornbrot bekommt, oder dass das Ehepaar sich an den Geschmack der Kanadier anpasst, die es nun mal so lieben.

Wir gehen noch ein wenig durch die Stadt spazieren, die etwas trostlos erscheint angesichts all der geschlossen Geschäfte und Restaurants. Auch das deutsche bzw. bayerische Restaurant suchen wir auf, das zur Zeit nur Essen zur Mitnahme anbietet.

Weiße Ostern

Was ich mir zu Weihnachten so sehnlichst gewünscht habe, tritt nun für Ostern ein. Am Karfreitag schneit es erneut heftig, und ich bin leicht genervt. Während meine Hamburger Freunde nur im T-Shirt bekleidet im Garten sitzen und sich von der Sonne den Teint bräunen lassen, laufen wir weiterhin mit Winterjacke, Mütze, Schal und Handschuhen herum und können die Ostereier im Schnee suchen.

Eine Woche nach Ostern ist es immer noch kalt. Ich trage meine Winterjacke nun schon fast ein halbes Jahr lang und kann sie nicht mehr sehen. Für so manch einen Kanadier scheint es aber schon Sommer zu sein. Ich sehe beim Einkaufen eine Frau mit einer Dreiviertelhose und nackten Füßen in Sandalen und blicke an mir hinunter zu meinen dicken Winterstiefeln. Wer von uns hat jetzt ein verkehrtes Temperaturempfinden?

Trügerische Idylle

Am Sonntag nach Ostern machen wir einen Ausflug nach St. Martins. Das kleine Fischerdorf ist in den Sommermonaten ein beliebter Anziehungspunkt für Touristen und Ausflugsziel für Kanadier. An den Steilufern befinden sich die Sea Caves, die nur bei Ebbe zugänglich sind. Beeindruckend ist der Gezeitenunterschied. Daneben befindet sich ein beliebtes Restaurant, in dem vorwiegend Fisch angeboten wird. Aufgrund des lockdowns ist es geschlossen, aber unser Ziel ist eine andere Lokalität, an der man auf dem Weg zu den Sea Caves vorbeifährt. Hier können wir etwas zu essen bestellen und mitnehmen. Während wir auf unsere Bestellung warten, kommen wir mit den Besitzern, ein Ehepaar, ins Gespräch. Von der Frau erfahren wir das Unfassbare. Ich brauche lange, um das von ihre Erzählte zu realisieren. Sie zeigt uns die Nachricht auf ihrem Handy, und ich kann es immer noch nicht fassen. Und damit bin ich sicher nicht allein.

Niemand hätte wohl jemals damit gerechnet, dass Kanada Schauplatz eines solch schreckliches Ereignisses werden würde. Auch die etwa 100 Einwohner des beschaulichen Ortes Portapique in Nova Scotia, 130 Kilometer nördlich von Halifax, in dem das Drama anfing, haben sicher nichts Böses geahnt. Es begann am Samstagabend und endete erst wenige Stunden zuvor. Der Mann, um den es hier geht, war 51 Jahre alt und hatte ein Ferienhaus in Portapique. Er begab sich mit seiner Freundin zu einer Party bei Nachbarn, wo sich ein heftiger Streit mit ihr entfachte. Sie verließen die Party, kehrten in sein Haus zurück und stritten weiter. Offenbar eskalierte es. Er schlug seine Freundin, fesselte sie, steckte das Haus in Brand und kehrte anschließend zu der Party zurück. Die Freundin konnte glücklicherweise entkommen und versteckte sich im nahe gelegenen Wald. Auf der Party erschoss der Täter 7 Menschen sowie weitere Nachbarn, setzte ein paar Häuser in Brand und fuhr dann mit einem als Polizeiauto getarntem Wagen weiter. Dabei floh er über ein Feld und übernachtete in der Nähe von Debert, etwa 25 Kilometer vom Tatort entfernt.

Die örtliche Polizei erhielt nach 22.00 Uhr die ersten Notrufe, die mehrere Schüsse und Brände meldeten und traf wenige Minuten später am Tatort ein. Sie entdeckten dreizehn Todesopfer, die innerhalb und außerhalb der Häuser erschossen wurden. Über Funk wurde mitgeteilt, dass der Täter nicht geortet werden konnte. Laut Augenzeugen war er mit seinem getarnten Auto Richtung Strand gefahren.

Die Polizei identifizierte den Täter als Verdächtigen, vermutete aber, dass er zu Fuß unterwegs sei oder bereits Suizid begangen habe. Die RCMP (Royal Canadian Mounted Police) verfasste einen Tweet auf Twitter mit der Aufforderung an die Bewohner, zu Hause zu bleiben und die Türen verschlossen zu halten. Sie richteten einen Suchbereich von 2 Kilometern ein, wobei unklar war, ob der Täter bereits verhaftet worden oder ob er Fahrer des getarnten Autos gewesen sei.

Am Sonntag, kurz vor sechs Uhr morgens, verließ der Täter Debert und fuhr nach Wentworth, um dort das Haus eines Bekannten aufzusuchen. Er tötete die beiden Bewohner des Hauses und einen Nachbarn, der zur Hilfe eilte, und zündete das Haus an. Zur gleichen Zeit fand die Polizei in Portapique die Freundin von dem Täter, die bestätigte, dass der Amokläufer eine Polizeiuniform getragen hatte und mit seinem nicht registrierten, als Polizeiauto getarnten Wagen unterwegs war.

Der Täter fuhr auf den Highway zurück Richtung Portapique und erschoss eine Person am Straßenrand. Gegen 9:45 Uhr suchte er ein Haus in der Nähe von Glenholme auf, dessen Bewohner er ebenfalls kannte, die ihm aber trotz seiner Tarnung den Eintritt verweigerten und die Polizei riefen. Er fuhr weiter, hielt zweimal an zufällig ausgewählten Autos an und erschoss die Insassen.

Kurz vor 11 Uhr in Shubenacadie fuhr er an einem Polizeibeamten namens Chad Morrison vorbei, der geplant hatte, sich dort mit seiner Kollegin Heidi Stevenson zu treffen. Er schoss auf Morrison, der in das nahe gelegene Krankenhaus fuhr und den Aufenthaltsort des Täters meldete. Der Amokläufer fuhr weiter und kollidierte mit dem Wagen von Stevenson, die das offenbar geplant hatte, um ihn zu stoppen. Sie griff ihn an und wurde von ihm erschossen sowie auch ein weiterer Autofahrer, der zur Hilfe kam.

Er fuhr weiter und tötete eine weitere ihm bekannte Frau in ihrem Haus in Shubbenacadie, zog sich wieder um und stahl ihren Mazda. Um 11.26 Uhr stoppte er an der Raststätte Irving Big Stop in Enfield, an welcher Daniel und ich auch schon mal waren, und wurde dort von einem RCMP-Beamten erkannt und erschossen.

Der Täter war Zahntechniker und hatte zwei eigene Firmen, die sehr gut liefen, bis die Corona-Krise kam und er schließen musste. Er war offensichtlich wohlhabend und besaß Immobilien in Portapique, Halifax und Darthmouth. Laut Angaben der Ermittlungsbehörden war er alkoholabhängig und neigte zu Aggressionen. Mit seiner Freundin gab es seit längerem Probleme, da er geradezu besessen von ihr war.

Laut Einträgen aus dem Jahrbuch seiner Schule wollte er Polizeibeamter werden. In seinem Haus befand sich ein Schrein mit diversen Dingen von der RCMP, und er hatte insgesamt vier Wagen, die als Polizeiautos getarnt waren und drei Schusswaffen, für die er keine Lizenz besaß. Die Polizeiuniform, die er trug, kann man hier offensichtlich einfach im Internet kaufen. 2002 wurde er wegen Körperverletzung zu einer neunmonatigen Bewährungsstrafe verurteilt, und ihm wurde eine Therapie zur Wutbewältigung auferlegt. Er war also kein unbeschriebenes Blatt und hatte wohl mit all den Opfern, die er kannte, Probleme.

Die Polizei steht in Erklärungsnot, weil sie nicht das Notfallwarnsystem für die Bevölkerung, Alert Ready, aktiviert hat, sondern stattdessen nur über soziale Netzwerke gewarnt hatte, insbesondere in einer Region, in der vorwiegend ältere Menschen wohnen, die über dieselben gar nicht verfügen.

Insgesamt ist es unfassbar, was hier nur eine Woche nach Ostern geschehen ist. Alle Kanadier stehen unter Schock und trauern mit den Angehörigen der Opfer dieser schrecklichen sinnlosen Tat. In den kanadischen Medien wird sehr viel von den Opfern berichtet und bewusst wenig von dem Täter. Das jüngste Opfer war 17 Jahre alt. Sie hat Violine gespielt und wurde mit ihren Eltern in ihrem Haus in Portapique von dem Amokläufer erschossen. Bei dem Gedanken an sie und natürlich auch an all die anderen Menschen, die getötet wurden, werden meine Augen feucht, und gleichzeitig bin ich wütend, denn so einige

Opfer hätte es meiner Meinung nach nicht geben müssen, wenn die Polizei sorgfältiger ermittelt hätte. Offenbar war der Täter eine tickende Zeitbombe, und viele Menschen haben sich schon lange vor diesem schrecklichen Ereignis vor ihm gefürchtet, oder hatten Streit mit ihm. Seine Lebenspartnerin wurde oftmals vor anderen von ihm beleidigt und ein paarmal sogar angegriffen und gewürgt. Freunde und Bekannte haben ihr angeraten, ihn zu verlassen, aber sie hatte offenbar große Angst, dass er sie verfolgen und töten würde. Sie kooperiert mit der Polizei, möchte aber nicht mit den Medien in Kontakt treten. Was für Qualen muss sie ausgestanden haben?

Mir fehlen die Worte, um all die Gefühle, die in mir wühlen, beschreiben zu können. Und alles war nicht mehr als 300 km von hier entfernt. Nachdem es in den deutschen Medien berichtet wird, ruft meine Schwester an, um mich nach meinem Befinden zu erkundigen. Zum ersten Mal bin ich froh über die Corona-Beschränkungen, die einen

Ausflug nach Nova Scotia nicht möglich machen, sonst wären wir vielleicht auch an diesem Wochenende dort gewesen, wer weiß?

Ich frage mich, wie es dazu kommt, dass ein Mensch eine solch schreckliche Tat vollbringt und lese alle Informationen über den Täter, die ich finden kann. Nach Abschluss der High school soll er den Wunsch gehabt haben, Polizeioffizier zu werden. Er hat sich wohl auch beworben, wurde aber abgelehnt. Dies muss eine Menge Frust in ihm ausgelöst haben, aber sicher spielen noch viele andere Faktoren eine Rolle.

Nach alldem scheinen die eigenen Probleme geradezu lächerlich zu sein, und ich schäme mich für mein Lamentieren über Langeweile und Käfigkoller während der letzten Zeit.

Zeit für Fitness

Aus den kanadischen Nachrichten erfahren wir, dass erste Schritte zur Auflockerung des Shutdowns stattfinden sollen. Wie die genau aussehen sollen, weiß ich nicht, und über Maskenpflicht wie in Deutschland scheint bisher noch nichts im Gespräch zu sein. Nach jetzigem Stand sollen die Schulen erst wieder nach den Sommerferien im September öffnen.

Ich mache nach wie vor meine online-Kurse bei PRUDE, jetzt über zoom, so dass man nicht nur die Lehrerin, sondern auch die anderen Teilnehmer sieht. Ansonsten helfe ich Daniel, den Garten sauber zu machen und von Laub und Moos zu befreien. Da es sich um 2.000 qm handelt, ist eine Menge zu tun. Wir gehen viel mit Cu spazieren, und nachmittags mache ich meist ein wenig Sport für mich. Als gemeinsame Abendbeschäftigung haben Daniel und ich jetzt das Poker spielen entdeckt. Dabei stellt sich heraus, dass Daniel weitaus besser darin ist, gute

Karten vorzutäuschen. Ich bin einfach zu ehrlich und muss noch erheblich an dem berühmten Pokerface arbeiten.

In New Brunswick sind mittlerweile alle 118 Corona-Fälle wieder genesen. Trotzdem wird dazu aufgefordert, weiter zu Hause zu bleiben und Abstand zu halten. Eine Lockerung des shutdowns gibt es nur insoweit, dass sich jetzt zwei Familien-Blasen treffen dürfen, also zwei Haushalte.

Wir treffen uns mit Patricia zum shoppen im Canadian Tire, ein Geschäft für Elektronik-Waren, Outdoor-Aktivitäten und ähnliches. Patricia möchte angeln gehen, und man kann dort die Lizenz dafür erwerben. Sie ist ebenfalls vom shutdown genervt. Ihr Buchladen, in dem sie gearbeitet hat, bleibt weiterhin geschlossen. Sie liebt ihre Arbeit und ist alles andere als begeistert, zu Hause zu bleiben. Ich frage mich schon manchmal, ob das noch verhältnismäßig ist, oder ob die Regierung von New Brunswick nicht ein wenig zu vorsichtig ist. Die Grenzen sind geschlossen, auch innerhalb

Kanadas zu den anderen Provinzen, wo soll da die Gefahr einer erneuten Ansteckungswelle bestehen? Warum schließt man hier sogar Parks und Strände, die momentan eine der wenigen Möglichkeiten bieten, etwas außer Haus zu unternehmen und die ohnehin hier niemals von Menschen überlaufen sind? 7 Wochen des Shutdowns liegen nun hinter uns, und immer noch wird man dazu ermahnt, zu Hause zu bleiben.

Eine Woche später wird ein junger Mann verhaftet, weil er von Ontario nach New Brunswick einflog, um seine Eltern zu besuchen und sich weigerte, wieder zurückzufliegen. Für mich stellt sich die Frage, warum sie ihn dann erst nach Moncton haben fliegen lassen.

Um mich zu beschäftigen und ein wenig herauszufordern, biete ich Gloria an, einen Fitnesskurs für PRUDE online zu machen. Das sind gleich zwei neue Dinge für mich. Zum ersten Mal werde ich eine Fitnessstunde online und in englisch geben! Ich muss mich gründlich darauf vorbereiten und erweitere dabei meinen englischen Wortschatz. Was heißt denn Oberschenkel auf englisch? Meine Fitnesstunde läuft, wie auch die anderen Kurse von PRUDE, über die private Seite auf Facebook mit einem live video, was bedeutet, dass die Teilnehmer mich sehen können, ich sie aber leider nicht. Sie können nur Kommentare zu meinem Kurs in den Chatraum schreiben. Gloria erstellt ein Poster mit einem Bild von mir und stellt es auf die PRUDE-Facebookseite mit der Ankündigung meines Kurses. Er wird den gesamten Mai dienstags um 1 Uhr mittags stattfinden. Wir räumen das Wohnzimmer um, so dass ich genügend Platz habe, und dann ist es soweit. Ich bin ziemlich aufgeregt, als ich an meinem ersten Kurstag kurz vor 1 Uhr auf die Facebook-Seite gehe. Natürlich klappt es beim ersten Versuch nicht, und ich brauche ein wenig, um herauszufinden, wie es funktioniert. Dann geht es los. Nach einer kurzen Ansprache meinerseits stelle ich die Musik an und fange mit dem Kurs an. Zwischendurch gucke ich auf dem Laptop, ob es auch wirklich funktioniert. Begeistert sehe ich die ersten Kommentare. Sie sind alle positiv, allerdings werde ich von einer Teilnehmerin als „Biest" bezeichnet. Ich habe sehr viel Spaß, und die Stunde vergeht wie im Flug. Es ist eine win-win-Situation. Ich habe eine Aufgabe, lerne viele neue Wörter in englisch und muss mich mit einer für mich neuen Technik des online-Unterrichtens beschäftigen. Zudem halte ich mich und meine Mitstudenten fit. Cu lässt sich von meiner Fitnessaktivität nicht anstecken und liegt schlafend auf seiner Decke. Als ich mir das Video später ansehe, bin ich etwas über meinen immer noch sehr starken „german accent" frustriert, aber es gibt jemandem, dem genau das gefällt.

Frühlingserwachen

Als ich am 10. Mai aus dem Fenster auf die Terrasse schaue, sehe ich eine kleine weiße Schicht von Schnee und bin mehr als genervt. Wann kommt endlich der Frühling, denke ich, und meine Wünsche werden erhört.

Mitte Mai ändert sich das Wetter schlagartig. Es sind 17 Grad, aber in der Sonne fühlt es sich deutlich wärmer an, so dass ich meine online-Fitnessstunde nun draußen auf der Terrasse abhalten kann. Die Einkaufsmeilen haben wieder geöffnet, allerdings sind viele der Geschäfte noch geschlossen. New Brunswick hat weiterhin keinen aktuellen Corona-Fall, alle 120 an Covid-19-Erkrankten sind wieder genesen. Laut Auskunft von Nancy haben sie jetzt im Rockwood-Park, in dem wir ja auch gerne spazieren gehen, die Richtungen mit Pfeilen vorgegeben. Der Park ist riesig, und Menschenanhäufungen kommen dort nicht wirklich vor, so dass ich mich frage, wozu diese Maßnahme gut sein soll.

Ende Mai geht es bergauf, mehr und mehr Geschäfte und auch Restaurants werden geöffnet. Wir treffen uns zum ersten Mal seit der Corona-Krise mit den Nachbarn auf einen Umtrunk. Zum Glück spielt jetzt auch das Wetter mit, und wir können draußen auf der Terrasse sitzen. Ich habe endlich einen Friseurtermin für heute in zwei Wochen vereinbart. Mein Haar ist ziemlich lang geworden, was ich ganz gut finde, aber mir gefällt der graue Ansatz nicht, und ich selbst traue mich nicht, mein Haar zu färben.

Wir fahren das erste mal seit langem nach Saint John und laufen ein bisschen durch die Stadt. Ein paar Geschäfte haben wieder geöffnet, aber es ist irgendwie doch ziemlich deprimierend. Im Brunswick Square, dem Einkaufszentrum in Saint John sind die meisten Läden noch geschlossen, und überall sind Pfeile, die einem darauf hinweisen, in welche Richtung man zu gehen hat. Außer uns waren noch 5 weitere Kunden im Center. Der Buchladen, in dem Patricia arbeitet, ist trotz vorheriger Öffnungsankündigung noch geschlossen.

Die Angestellten von PRUDE werden nächste Woche wieder zurück an ihren Arbeitsplatz kehren, aber wir Teilnehmer dürfen noch nicht kommen. Es wird weiterhin online unterrichtet, allerdings hoffe ich, dass es bald wieder losgeht und wir uns persönlich sehen können. Nancy hat verkündet, dass sich sich schon darauf freut, uns persönlich wiederzusehen, und da ist sie nicht die einzige.

Ein paar Tage später sind wir erneut in Saint John, und es scheint mir, als sei die Stadt endlich aus ihrem Dornröschenschlaf erwacht. Es sind verhältnismäßig viele Menschen auf der Straße, mehr Autos und Busse unterwegs und mehr Geschäfte geöffnet. Wir verbringen mit Patricia ihre Mittagspause bei Tim Hortons, und ich kaufe in ihrem Laden auf ihre Empfehlung hin einen neuen Thriller.

Eine generelle Maskenpflicht gibt es für die Kunden nach wie vor nicht, aber für die Verkäufer, und in einigen kleinen Läden wurde sie auch eingeführt. Patricia hat sich eine Maske mit New Brunswick-Motiv gekauft, und da mir diese sehr gefällt, kaufe ich die gleiche. Wir sind jetzt „mask-twins". Beim ersten Tragen der Maske finde ich es furchtbar. Schon nach fünf Minuten finde ich es anstrengend und habe das Gefühl, keine Luft mehr zu bekommen. Als Brillenträgerin empfinde ich es sehr unangenehm, da dann auch noch die Gläser beschlagen. Menschen, die berufsbedingt den ganzen Tag lang die Maske tragen müssen, haben mein absolutes Mitgefühl.

Man soll im Leben ja immer mal Dinge ausprobieren, die man noch nie gemacht hat. Ich. kaufe Samen für Tomaten und pflanze sie ein. Es ist hier nachts noch immer sehr kalt, so dass ich die Kästen mit den Samen zunächst in meinem Zimmer aufbewahre. Ich gieße sie jeden Tag und hoffe darauf, dass es diesmal ausnahmsweise mit meinem grünen Daumen klappt.

Plötzlich Sommer

So lange der Frühling auf sich hat warten lassen, so plötzlich ist der Sommer da. Die Bäume und Sträucher in Daniels Garten erwachen aus ihrem Winterschlaf und strahlen in voller Blüte. Auch der Rasen wächst und gedeiht, und ich bediene das erste Mal in meinem Leben einen Rasenmäher. Daniel verkauft es mir als Sportart, aber ich stelle schnell fest, dass mir Zumba eindeutig besser gefällt.

Wir machen viele Ausflüge in Parks und Strände und verwöhnen unsere vom Winter gebeutelten Körper und Seelen mit viel Sonne. Ich kann mich gar nicht satt sehen an diesen saftigen, grünen Wiesen und Bäumen, dem blauen Himmel und den knallgelben Butterblumen.

Die ersten Kanadier gehen bereits im Kennebecasis River und dem See im Rockwood Park baden. Ich halte todesmutig meine nackten Füße ins Wasser und ziehe sie schnell wieder zurück.

A little „Back to normal"

An einem Samstag gehen wir zum ersten Mal seit dem lockdown in Saint John in einem Restaurant essen. Die Bedienung trägt Masken, und es sind nicht viele Gäste da, aber es fühlt sich trotzdem sehr gut an, wieder eine Art normales Leben zu fühlen und an einem Ort zu sein, wo man ein paar andere Menschen sieht und reden und lachen hört.

Ein paar Tage später fahren wir nach Moncton. Die Stadt gilt als das Shopping-Gebiet für die New Brunswicker. Wir fahren zunächst in den zentralen Bereich der Main Street zwischen Lutz und King Street, wo es die übliche Mischung aus Shops und Gastronomie gib. Wir laufen die Hauptstraße auf und ab, und ich bin ein wenig enttäuscht. Es wirkt ein wenig heruntergekommen, und es gibt nur ein paar vereinzelte Geschäfte. Daniel erklärt mir, dass die New Brunswicker zum Einkaufen in die etwas außerhalb liegende Shoppingmeile fahren. Wieder einmal frage ich mich, was die Menschen machen, die kein Auto besitzen. Warum lässt man nicht einfach ein Stadtzentrum bestehen, anstatt große hässliche Einkaufszentren zu errichten?

Wir finden aber ein schönes Restaurant, das seinen Außenbereich geöffnet hat, der dank des sommerlichen Wetters auch gut genutzt wird. Die Bedienung bringt uns zu einem freien Tisch, und ich genieße es, hier zu sitzen und die Menschen zu beobachten. Als wir nach dem Essen zurück zu unserem Auto gehen, stoßen wir auf eine Demonstration von Black Lives Matters. Nach der gewaltsamen Festnahme des Afroamerikaners George Floyd am 25. Mai diesen Jahres, in dessen Verlauf dieser getötet wurde, gibt es auch in New Brunswick ausgedehnte Demonstrationen gegen Rassismus und Polizeigewalt. Wir bleiben stehen und gehen zusammen mit hunderten von Menschen auf die Knie. Anschließend gehen wir noch ein wenig am Ufer des Petitcodiac Rivers spazieren, der wegen seiner aufgrund von starker Sedimentation erfolgten braunen Verfärbung auch „Chocolate River" genannt wird.

Daniel verspricht mir noch eine Überraschung, bevor wir uns auf den Rückweg machen, und ich bin sehr gespannt. Schon nach wenigen Minuten Fahrzeit erreichen wir das Ziel. Wir erreichen einen Hügel, der mit großen Buchstaben versehen ist. Magnetic Hill lese ich, und frage mich, was das zu bedeuten hat. Daniel fährt auf die nahe gelegenen Straße und hält an. Ich sehe ihn fragend an, bis ich merke, dass das Auto rückwärts bergauf fährt, ohne dass Daniel Gas gibt. Wie kann das sein? Ist da am Ende der Straße tatsächlich ein versteckter Magnet, der das Auto zurück nach oben zieht? So wird es immer wieder gerne erzählt. Soll ich das Geheimnis verraten? Vielleicht wird doch der eine oder andere Leser mal nach New Brunswick reisen und es selbst feststellen können. Ich bin allerdings von selbst nicht auf die Lösung gekommen, obwohl ich direkt vor Ort war und es miterlebt habe. Nun gut, ich kann es einfach nicht für mich behalten: es ist eine optische Täuschung! Man denkt, es geht bergauf, aber in Wahrheit geht es bergab. Es ist schon faszinierend, was die Natur manchmal für Wunder hervor bringen kann.

Nun ist Mitte Juni und seit Tagen traumhaftes Sommerwetter. Ich denke, von allen Jahreszeiten, die ich hier erlebt habe, gefällt mir der Juni am besten. Alles blüht, und ich liebe das frische saftige Grün, das geradezu strahlt. Tagsüber sind ungefähr 25 Grad, aber es fühlt sich wärmer an, da die Sonne hier viel intensiver scheint als in Deutschland. Den meisten Menschen ist es nicht bewusst, aber der Süden von Kanada liegt geografisch auf der Höhe von Norditalien. Abends kühlt es sich aber noch stark ab, und es sind dann etwa 12 Grad. Zelten ist nur etwas für Hartgesottene und echte Naturliebhaber. Meine Friseurin, bei der ich nun endlich war, erzählte mir, dass sie am Wochenende zum Campen werde. Ich würde kein Auge zu tun, weil es einfach zu kalt ist, und wenn ich friere, kann ich nicht schlafen. Nun bin ich allerdings sowieso kein Fan vom Zelten und Campen, und Daniel ist da zum Glück genauso.

Ich genieße die Natur lieber tagsüber und kehre dann abends in ein gemütliches Heim mit einem richtigen Bett und Badezimmer zurück. Es gibt noch einen weiteren ganz entscheidenden Grund, der für mich gegen das Übernachten in freier Natur spricht. Hier wimmelt es geradezu von Moskitos und anderen Insekten, die sich mich immer als erstes Opfer aussuchen. Ich habe, auch ohne im Freien zu übernachten, bereits an fast jedem Körperteil Insektenstiche, und es juckt wie verrückt.

An einem unserer Ausflugstage entdecken wir durch Zufall einen Strand, der ein Geheimtipp zu sein scheint. Außer uns sind nur zwei andere kleine Familien hier. Der Strand nennt sich Gardner Creek und liegt zwischen Saint John und St. Martins. Hier kann Cu sich richtig austoben. Ich gehe mit ihm zum Ufer und werfe einen Stock ins Meer, immer und immer wieder. Das Wasser ist noch immer viel zu kalt zum Baden, und meine

Füße fühlen sich schon nach kurzer Zeit wie Eiszapfen an.

Diese Woche habe ich erfahren, dass ab dem 6. Juli wieder der Unterricht vor Ort bei PRUDE stattfinden soll. Es wird auf 8 Teilnehmer begrenzt sein, und es müssen Abstände eingehalten werden, aber ich freue mich darauf, Nancy und meine Mitstudenten wieder persönlich zu sehen. Das ist doch etwas ganz anderes, als über zoom miteinander zu kommunizieren.

Ende Juni wird es richtig heiß, so dass wir immer wieder zu einem der nahe gelegenen Strände fahren. Zu dem kleinen Strand, "Gondola Beach" am Kennebecasis river kann ich sogar zu Fuß hingehen. Es dauert ungefähr eine halbe Stunde, aber es gibt mir ein gutes Gefühl, einen Ort alleine erreichen zu können. Inzwischen war nicht nur Cu, sondern auch ich selbst in dem Fluss schwimmen. Das Wasser ist noch immer recht frisch, und es hat mich etwas Überwindung gekostet, aber es ist herrlich erfrischend, wenn man erst mal drin ist.

Wenn ich in Quispamsis an den Häusern vorbei gehe, sehe ich jetzt überall Schilder mit Gratulationen zum High-School-Abschluss. Ich stelle mir vor, einer von ihnen zu sein und denke, dass es ziemlich traurig sein muss, ein langes Schulleben ausgerechnet in einem Jahr wie diesem zu beenden. Und was kommt danach? Was ist zur Zeit überhaupt möglich? Ich denke an die deutschen Hochschulabsolventen, von denen viele in den Jahren zuvor ein Jahr ins Ausland gegangen sind. Ob das die kanadischen Schüler auch gerne machen, weiß ich zwar nicht, aber auf jeden Fall wird es weltweit dieses Jahr wohl nicht gehen, und das finde ich sehr schade für die junge Generation.

Canada-Day

Heute ist der 1. Juli 2020 und damit der kanadische Feiertag schlechthin: der kanadische Nationalfeiertag. Er erinnert an die Bildung Kanadas am 1. Juli 1867, dem die Provinzen Ontario, Quebec, Nova Scotia und New Brunswick angehörten. Damals wurde er Dominion Day genannt und erst 1982 in Canada Day umbenannt.

Normalerweise würden heute sehr viele Festivitäten im Freien stattfinden. Auch in Saint John finden üblicherweise Paraden und Feuerwerke statt, die aber dieses Jahr wegen Corona alle gestrichen sind. Viele Kanadier veranstalten auch private Feiern mit Freunden und Familien. Wir werden unsere eigene kleine private Party machen.

Gerade habe ich erfahren, dass Deutschland die Grenzen für elf Staaten außerhalb von Europa öffnet, und darunter ist auch Kanada. Ich bin sehr froh, denn wir hatten uns schon Sorgen gemacht, was passiert, wenn ich in zwei Wochen nach

Deutschland fliege und weder ich nach Kanada noch Daniel nach Deutschland kommen kann.

Irgendwie geht die Zeit bis zu meiner Abreise jetzt sehr schnell, und ich sehe dem Ganzen mit gemischten Gefühlen entgegen. Ein Teil von mir möchte hier bleiben, und ein anderer Teil freut sich auf Hamburg. Es ist wirklich nicht einfach, und in meinem Kopf fahren die Gedanken Achterbahn.

Ich beschließe, einen Spaziergang zu machen, ganz allein, ohne Daniel oder Cu mit der Hoffnung, ein wenig Klarheit für mich zu bekommen. Während ich durch den Wald gehe, versuche ich meine Gedanken zu sortieren. Wie soll es weitergehen, mit mir und Daniel? Wie kann es überhaupt weitergehen? Ich setze mich auf eine Bank, atme tief ein und aus und schließe die Augen. Nach einer Weile erscheint wie aus dem Nichts das Bild meiner Großmutter vor mir. Ich habe sie sehr gemocht und bewundert. Sie war 1898 geboren und wurde 93 Jahre alt. Vieles ist in ihrem Leben passiert. Sie hat zwei Weltkriege erlebt, im zweiten ihren Sohn verloren, ist mit gebrochenem Arm und ihren zwei Töchtern von Ostpreußen geflüchtet, ohne zu wissen wo ihr Ehemann, mein Großvater, steckte. Er wurde zum Volksturm eingezogen und galt zu dieser Zeit als vermisst. Als meine Großmutter sich auf die Flucht begab, war sie bereits 47 Jahre alt, musste alles zurück lassen und von heute auf morgen noch mal ganz von vorne anfangen. Heute würde ich sie so gerne so vieles fragen und sie von ihrem Leben erzählen lassen. Was hatte sie für Träume, Hoffnungen, Wünsche, als sie jung war? War sie glücklich mit ihrem Leben? Hat sie meinen Großvater geliebt? Wir hatten ein sehr enges Verhältnis zueinander und haben uns lange Zeit gegenseitig als Kumpel bezeichnet. Fast in jeden Schulferien habe ich sie in Flensburg besucht, und ich habe ausschließlich schöne Erinnerungen an diese Zeit. Ich würde sie daher gerne fragen, was sie in meiner Situation tun würde. Was würde sie mir raten?

Und hier ist, was sie nach meiner Vorstellung antworten würde:

Lieber Kumpel,

wir haben lange nichts mehr voneinander gehört, aber im Herzen bin ich immer bei Dir. Gerne erinnere ich mich an unsere gemeinsame Zeit zurück. Uns trennen viele Jahre. Als Du geboren wurdest, war ich bereits 70 Jahre alt und hatte ein langes bewegtes Leben mit viel Schmerz und Leid, aber auch viel Freude hinter mir. Du warst mein jüngstes Enkelkind, und ich und Opa Erich haben uns immer gerne um Dich gekümmert, wenn Deine Eltern mit Deinen Geschwistern in Urlaub gefahren sind. Ich fand es nicht gut, dass sie Dich nicht mitgenommen haben, aber ich fand es schön, mit Dir zusammen zu sein. Du warst immer so ein strahlendes und lebendiges Kind, sportlich und voller Phantasie. Du bist in einer Zeit groß geworden, in denen Dir als Mädchen und Frau alle Türen offen standen. Ich habe Dich immer ein wenig dafür beneidet, denn zu meiner Zeit war das undenkbar. In dem Jahr, in dem Du Dein Jura-Studium begonnen hast, habe ich die Welt hier verlassen, aber ich bin sehr stolz auf Dich und habe Dich sehr dafür bewundert, mit welchem Ehrgeiz Du Deinen Weg verfolgt hast. Aber ich habe auch gesehen, dass Du in Deiner beruflichen Welt nie wirklich glücklich warst. Tief in Deinem Herzen wolltest Du etwas ganz anderes. Schon als Kind hast Du gesungen und getanzt, warst sehr musikalisch, und später hast Du Dir selber Geschichten ausgedacht und auf meiner alten Schreibmaschine getippt. Ich bin froh, dass Du Dich diesen beiden Dingen zumindest in Deinem Hobby und Nebenberuf widmest. Behalte das unbedingt bei! Du kannst gut schreiben und hast der Welt etwas mitzuteilen, glaube daran! Schreibe jeden Tag, tanze jeden Tag! Und bleibe Dir selbst treu! Versuche nicht, Dich zu Dingen überreden zu lassen, die Du tief in Deinem Herzen nicht tun möchtest. Ich finde es gut, dass Du nach Kanada gegangen bist und dort ein neues Leben ausprobiert hast. Und vielleicht gehst Du eines

Tages wieder dort hin. Aber bitte begebe Dich nicht in die Abhängigkeit eines Mannes! Sei stark und unabhängig, so wie Du es Dein ganzes Leben lang warst und gehe Deinen Weg! Gehe auf keinen Fall nach Kanada, ohne eine Perspektive zu haben, womit Du Dein Geld verdienen kannst! Nun habt Ihr ja zur Zeit diese schreckliche Pandemie, und es ist ohnehin schwer, dort hin zu gehen. Bleibe erst mal hier, verdiene Dein eigenes Geld und verfolge weiter Deine Träume. Glaube an Dich!

Deine Omi Lenchen und zugleich Dein bester Kumpel

Während ich langsam die Augen wieder öffne und eine dicken Kloß im Hals verspüre, flüstere ich leise: „Danke, liebe Omi, mein Kumpel!". Mit einem befreiten Gefühl stehe ich auf und mache mich auf den Rückweg.

Hopewell Rocks

Einer unser letzten Ausflüge führt uns zu den Hopewell Rocks, die hier in New Brunswick eine der großen Sehenswürdigkeiten sind.

Sie sind eine Gesteinsform, die durch gezeitenbedingte Erosion entstanden ist. Manchmal werden sie auch als Flowerpot Rock (Blumentopffelsen) bezeichnet, und sie befinden sich am Hopewell Cape an der Bay of Fundy. Der Tidenhub beträgt bis zu 16 Meter, so dass es bei Hochwasser möglich ist, dort mit dem Kajak zu paddeln, und bei Niedrigwasser kann man auf dem Meeresboden herumlaufen.

Wir planen unseren Aufenthalt so, dass wir beide Gezeiten mitbekommen und kommen zur Hochwasserzeit dort an. Ich mache ein paar Fotos, und anschließend verbringen wir drei Stunden in dem sehr schön angelegten Park. Wir haben Cu dabei, der ebenfalls angeleint mitkommen darf.

Nach dem Ausflug in den Hopewell Rocks Park möchte Daniel noch einen Ort besuchen, dessen Namen ich mir nur schwer merken kann: Riverside Albert. Es geht auch weniger um den Ort als um den dort ansässigen Bürgermeister, den er aus seiner Zeit, während er für Irving Oil arbeitete, kennt. Er fragt sich von der Feuerwehr über eine kleine Firma durch, bis er erfolgreich ist und ihn findet. Das ist ganz klar der Vorteil eines so kleinen Ortes. Als wir das Haus des Bürgermeisters erreichen, geht Daniel zunächst alleine zur Tür, während ich und Cu im Auto warten. Kurz darauf kommt er zurück und sagt, dass zur Zeit nur die Frau zu Hause ist, wir aber herzlich eingeladen sind, hineinzukommen und auf ihren Mann zu warten. Sie haben einen alten Hund, und so darf auch Cu dazu stoßen. Anna, die Frau des Bürgermeisters, bietet mir Wein aus eigener Herstellung an, der süß und fruchtig schmeckt und mit viel Alkohol versehen ist. Da ich heute noch nicht viel gegessen habe, geht er sehr schnell ins Blut. Ihr Mann, Jason, erscheint kurze

Zeit später, und wir haben einen unterhaltsamen Spätnachmittag und Abend. Als wir uns auf den Weg nach Hause machen, dauert es keine zehn Minuten, und ich schlafe tief und fest, bis wir in Quispamsis ankommen.

Letzter Tag in Quispamsis

Die Koffer sind gepackt. Morgen werden wir nach Halifax fahren und dort die letzten Tage bis zu meinem Abflug nach Hamburg verbringen. Ich bin ein wenig schwermütig. Fast vier Monate war dies nun mein Zuhause, und aufgrund der Corona-Krise habe ich in Quispamsis und in diesem Haus eine sehr intensive Zeit verbracht. Morgen muss ich mich von Marty verabschieden, ohne zu wissen, wann ich ihn wiedersehe. Cu wird uns nach Halifax begleiten und dort von Daniels Tochter versorgt. Wir werden ihn sicher das eine oder andere Mal zum spazieren gehen im Park abholen, und er wird wohl auch mit zum Flughafen kommen, so dass ich mich von ihm noch nicht verabschieden muss.

Gestern war ich das erste und gleichzeitig letzte Mal persönlich bei PRUDE, wo der Unterricht ab dieser Woche wieder vor Ort stattfindet. Auch hier musste ich mich verabschieden, von Nancy, von Gloria und von Nadja, die als einzige Teilnehmerin mit mir im Unterricht saß. So lange habe ich darauf gewartet, dass PRUDE endlich wieder die Pforten öffnet, und nun bin ich bald fort. Es sind zur Zeit nicht mehr als 8 Teilnehmer erlaubt, aber wie es aussieht, wird Nancy froh sein, wenn zwei oder drei zum Unterricht erscheinen. Viele der Newcomer, die letztes Jahr oder das Jahr zuvor hier ankamen, haben jetzt angefangen, zu arbeiten, oder sie haben kleine Kinder zu Hause, die versorgt werden müssen.

Als ich nach dem Unterricht noch ein wenig durch Saint John lief, traf ich zufällig auf Li-Ming, eine Chinesin, die auch regelmäßig bei PRUDE war, allerdings nicht in den online-Kursen. Sie war wie ich nur als Touristin hier und reist heute zurück nach China. Ihr Sohn ging in Saint John zur Schule und hat seinen High School Abschluss gemacht. Sie waren insgesamt drei Jahre hier, und ich frage mich, wie merkwürdig das sein muss, nach so langer Zeit abzureisen.

Ich bin gespannt, wie es morgen an der Grenze zu Nova Scotia wird, nachdem wir Gerüchte von bis zu drei Stunden Wartezeit gehört haben. Dabei gelten die Provinzen von Atlantikkanada jetzt als „Bubble". Warum es da überhaupt noch Grenzkontrollen geben muss, erschließt sich mir nicht. Ich habe jedenfalls zwei Papiere, die belegen, dass ich die letzten vier Monate in New Brunswick gewohnt habe, einmal von der Bank, in der ich ein Konto hatte und eine Bescheinigung von PRUDE. Nancy hat mir auf meinen Wunsch hin eine Art Zeugnis ("letter") ausgestellt, das belegt, dass ich seit Oktober letzten Jahres bei PRUDE Kurse belegt habe. Sie hat mir ein sehr positives Feedback gegeben und meint, ich sei einer ihrer loyalsten Schülerinnen gewesen, da ich fast keinen Kurs verpasst hätte. Ich werde ihren Unterricht sehr vermissen, und es ist fast ein bisschen schade, dass er nicht mehr online stattfindet. Dann könnte ich weiterhin auch von Hamburg daran teilnehmen, sofern ich Zeit habe.

Kurz vor dem Abflug

Am Mittwochnachmittag kommen wir in Halifax an. Unsere airbnb-Wohnung liegt sehr zentral und hat einen wunderschönen kleinen Garten. Sie hat zwei Schlafzimmer und einen offenen Wohn- und Küchenbereich, und man kann von hier aus den Hafen in zehn Minuten zu Fuß erreichen, ebenso die Springgarden Road, eine belebte Straße mit Geschäften, Restaurants und Bars.

Ich gehe zu Fuß einkaufen und freue mich wahnsinnig über meine neue Bewegungsfreiheit. In dem Supermarkt merke ich gleich einen Unterschied zwischen New Brunswick und Nova Scotia, was die Corona-Regeln betrifft. Es gibt keine Pfeile am Boden, und die Leute wirken deutlich entspannter. Die Kunden sind im Durchschnitt etwas jünger als in Quispamsis, und es herrscht multikulturelles Flair. Willkommen in der Stadt, denke ich, während ich mich mit meinem Einkaufswagen durch die Supermarktgänge bewege und zu meiner

Begeisterung Schwarzbrot entdecke. Der Weg zurück mit den schweren Einkäufen ist allerdings anstrengend, denn es geht steil bergauf, was ich als Norddeutsche so überhaupt nicht gewohnt bin. Hier braucht man nicht ins Fitnessstudio zu gehen, um die Bein- und Gesäßmuskeln zu trainieren.

Am Abend gehen wir in einem italienischen Restaurant auf der Springgarden-Road essen. Das Essen ist sehr lecker, der Service ausgezeichnet, und Daniel kann zum ersten Mal Bier trinken, da wir einen Nachhauseweg von fünf Gehminuten haben.

Am Donnerstag ist das Wetter zunächst nicht so gut, und ich laufe ein wenig am Hafen herum. Später am Nachmittag fahren wir in den Point Pleasant Park. Nachmittags kommen wir im Garten ins Gespräch mit den Nachbarn unseres aibnb. Eine Frau fragt uns, ob uns die Wohnung gefällt, was wir mit absoluter Überzeugung bejahen können. Sie erzählt, dass sie früher selbst dort gewohnt hat und es auch sehr genossen hat.

Es ist noch nicht so lange eine aibnb-Unterkunft. Die Frau besucht ihre Freundin, die nebenan wohnt. Nach ein paar Wortwechseln fragt sie uns, ob sie hinüber kommen dürfe, und wir unterhalten uns eine Weile, bis schließlich auch die Nachbarin selbst mit ihrem Freund herüber kommt. Sie erinnern mich ein wenig an die Hippies der 70er Jahre, und wir haben zusammen einen sehr lustigen, feuchtfröhlichen und geselligen Abend.

Am Freitag fahren wir nach Queensland, einem Strand, der etwa eine halbe Stunde von Halifax entfernt ist. Er ist sehr gut besucht, social distancing scheint hier kein Thema zu sein.

Später am Nachmittag fahren wir an der Küste von Nova Scotia Richtung Lunenburg. Zunächst halten wir an der sagenumwobenen Insel namens Oak Island. Sie ist durch einen Damm mit dem Festland verbunden, aber trotzdem unzugänglich. Es herrscht das Gerücht, dass sie seit über zweihundert Jahren einen Schatz verbirgt. 1795 entdeckte ein junger Mann an einem Baum einen Flaschenzug und darunter eine Delle im Boden.

Seitdem wird hier vergebens gegraben, gesucht und gemutmaßt, und Oak Island gilt als Schauplatz der längsten Schatzsuche der Geschichte. Sie ist seit langem streng abgeschottetes Privatland, und die derzeitigen Eigentümer haben zur Schatzsuche neue Technologien sowie Fernsehen und soziale Medien eingesetzt.

Wir fahren weiter nach Mahone Bay, ein sehr schöner Küstenort mit einer Hauptstraße, an der ein paar Geschäfte und Restaurants liegen. Weiter geht es zu meinem Lieblingsort in Nova Scotia, Lunenburg, wo wir in einem Lokal mit Blick auf den kleinen Hafen zu Abend essen.

Am Samstagabend gehen wir mit Daniels Freunden Michael und Kelly ins „Old Triangel". Die Tische stehen ein wenig weiter auseinander als vor Corona-Zeiten. Die Gruppe auf der Bühne spielt gute Musik, aber das Tanzen ist leider nicht erlaubt.

An meinem letzten Tag in Halifax und Kanada ist es sehr heiß und schwül. Wir laufen trotzdem ein wenig durch die Stadt, gehen in den public garden, auf einen Friedhof und nehmen einen Drink in einer der Bars in der Springgarden Road. Anschließend gehen wir in die Bibliothek, die sehr gut klimatisiert ist. Hier lässt es sich aushalten. Wir verweilen daher ein wenig auf den bequemen Sitzgelegenheiten. Daniel schnappt sich ein Buch über Kriegsgeschichte, und ich entdecke eine deutsche „Brigitte." Später gehen wir noch einmal zum Hafen hinunter, bummeln dort ein wenig und kehren dann zu unserer airbnb-Wohnung zurück. Ich packe meine Koffer nochmal neu, und am Abend treffen wir uns mit Daniels Tochter und dessen Mann im Point Pleasant Park zum Picknicken. Natürlich ist auch Cu dabei, der gleich freudig auf mich zurennt. Es ist ein schöner geselliger Abend. Nach unserem Treffen fahren wir noch ein wenig durch die Stadt, und Daniel zeigt mir diverse Häuser, in denen er gelebt hat. Seine Familie ist häufig umgezogen, da der Vater Häuser gekauft und wieder verkauft, um damit Geld zu verdienen.

Es ist ein lauer warmer Sommerabend, und wir gehen ein wenig durch einen Park spazieren. Ich entdecke eine Schaukel, und das Kind in mir muss sich sofort darauf setzen und los schaukeln.

Wir fahren zurück in unsere airbnb-Wohnung, trinken noch etwas, und dann geht es ins Bett, da wir am nächsten Morgen früh aufstehen müssen, um zum Flughafen zu fahren. Vorher holen wir noch Cu ab, von dem ich mich nun auch verabschieden muss. Mein Herz wird schwer, als ich am Flughafen aussteige und Cu eine letzte Umarmung gebe. Ich bin mir ziemlich sicher, dass er spürt, was passiert und wir uns so schnell nicht wiedersehen. Das Einchecken dauert etwas länger, da ich ein Flugticket ohne Gepäck gebucht habe, und die Buchung der beiden Koffer die Angestellten offenbar vor eine neue Herausforderung stellt. Schließlich gelingt es aber, und Daniel und ich haben immer noch ein wenig

Zeit, um uns voneinander zu verabschieden. Mit großem Gefühlschaos in meinem Kopf und meinem Herzen gehe ich zur Sicherheitskontrolle und anschließend zum Gate. Als ich dort sitze, bekomme ich Panik und mir schießt nur der eine Gedanke durch den Kopf: Es war ein Fehler! Ich hätte hier bleiben sollen. So schnell wird es nicht möglich sein, wieder nach Kanada zurückzukommen. Die Grenzen für Europäer sind geschlossen und werden es sicher auch noch lange bleiben. Ich schreibe Daniel eine whatsapp-Nachricht, dass ich ihn jetzt schon vermisse. Sollte ich einfach wieder zurück gehen? Aber auf der anderen Seite freue ich mich darauf, nach Hamburg zurückzukehren, in meine kleine Wohnung, meine Freunde wiederzusehen, einkaufen zu können, ohne mit dem Auto fahren zu müssen und ehrlicherweise auch darauf, mal wieder allein zu sein. Ich atme tief durch und beruhige mich selbst: Alles wird gut!

Zurück in Hamburg

Es fühlt sich fremd und gleichzeitig vertraut an, als ich am Hamburger Flughafen ankomme und mit meinen zwei Koffern heraustrete. Ich gehe auf den Taxistand zu. Der Fahrer des ersten Wagens unterhält sich mit dem Kollegen des zweiten Wagens, und sie nicken einander zu, als hatten sie mich schon als nächste Kundin vorausgesehen. Der Taxifahrer nimmt die ziemlich lädierten Koffer und stellt sie in den Gepäckraum. Ich öffne die Tür auf der Beifahrerseite, aber er schüttelt den Kopf. „Bitte hinten einsteigen." Ich setzte mich auf die Rückbank, die mit einer Plastikscheibe vom Fahrer getrennt ist. Hamburg in der Corona-Zeit, denke ich und blicke aus dem Fenster, während wir in Richtung meiner Wohnung fahren. Die Straßen sind ziemlich voll, ein üblicher Freitagvormittag in Hamburg. Nach kurzer Zeit sind wir am Ziel angekommen, und ich steige aus dem Taxi und gehe mit meinem zwei Koffern zum Haus. Ich schließe die Wohnungstür auf, und im Gegensatz zum letzten Mal fühlt es sich diesmal gleich wieder wie mein Zuhause an. Erschöpft stelle ich die Koffer ab und spüre, wie mir Tränen der Erleichterung die Wangen herunterlaufen. Es ist schön, wieder hier zu sein.

Ich packe aus und gehe das erste Mal seit langem zu Fuß einkaufen. Der einzige Unterschied für mich ist nun, dass ich eine Maske tragen muss. Eine solche Pflicht gibt es derzeit in Kanada noch nicht. Ansonsten kommt es mir sehr entspannt vor. Keine Pfeile am Boden, keine Sicherheitsleute, die einen darauf hinweisen, dass man sich zunächst am Eingang die Hände waschen oder desinfizieren soll, und das Einhalten eines Sicherheitsabstands wird hier auch nicht so wirklich wichtig genommen. Es erscheint mir alles ziemlich entspannt.

Meine erste Nacht in Hamburg ist unruhig, und ich wache manchmal auf und weiß nicht, wo ich bin.

Am nächsten Tag beschäftige ich mich gleich mit den nicht so angenehmen und sehr bürokratischen

Dingen. Ich melde mich arbeitssuchend und fülle die Formulare für meine Krankenversicherung aus. Willkommen in Deutschland, im Land der Formalitäten, denke ich und bin leicht genervt.

Am Nachmittag gehe ich ein wenig spazieren, am Kanal entlang bis zur Alster und genieße das seit meiner Ankunft sehr sommerliche Wetter. Ich mache ein paar Fotos, die ich auf Facebook für meine Freunde in Kanada veröffentliche, um ihnen zu zeigen, wie schön Hamburg ist. Ein warmes Gefühl durchströmt mich, und ich brauche etwas Zeit, um zu verstehen, was es genau ist. Dann begreife ich: Es ist Liebe, Liebe für den Ort, an dem ich sein will.

Ein paar Tage später sieht es schon wieder ganz anders aus. Es ist Sonntag, ich bin jetzt vier Tage wieder in Hamburg. Die ersten Tage waren wunderbar, und ich habe es genossen, in meiner Heimatstadt und auch mal wieder allein zu sein. Heute finde ich es gar nicht mehr schön. Ich vermisse Daniel, Marty und Cu und auch das ruhige Quispamsis. Hier spüre ich schon wieder die Hektik der anderen Menschen und habe selbst bereits innere Unruhe. Was soll jetzt werden, wo soll ich mich bewerben und werde ich überhaupt einen Job finden, der meinen Neigungen und Wünschen entspricht oder bin ich schon zu lange raus? Ich merke, dass sich etwas in mir verändert hat und ich nicht mehr dieselbe bin wie noch vor einem Jahr. Es gibt eine Person von mir vor und eine nach dem Kanada-Aufenthalt. Ich blicke in zum Teil gestresste Gesichter und bekomme Angst. So möchte ich nicht werden. Aber wie soll es jetzt weitergehen? Warum ist es so schwer für mich, zu wissen, was ich vom Leben will? Manchmal wünschte ich mir, ich wäre mit einem Fahrplan auf die Welt gekommen, eine Art Navigator, der mir genau sagt, in welche Richtung es gehen soll, wo ich abbiegen muss und wo es weiter geradeaus gehen soll. Manche Menschen scheinen schon mit 20 genau zu wissen, wie ihr Leben aussehen soll, und ich beneide sie ein wenig. Gleichzeitig aber weiß ich, dass ein Leben, das in einer geraden Linie verläuft (Studium, Job, Heiraten, Familie gründen, Haus bauen und ähnlichem) mich niemals glücklich gemacht hätte. Bei der Vorstellung, 40 Jahre und mehr ein und demselben Job zu machen, mit ein und demselben Mann zusammen zu sein und an ein und demselben Ort zu wohnen, womöglich auch noch ständig in den selben Urlaubsort zu fahren und niemals die Joghurt-Sorte zu wechseln, stellen sich mir sämtliche Nackenhaare hoch. Es gibt Menschen, die brauchen das, und es gibt Leute wie mich, die Abwechslung und immer wieder neue Herausforderungen brauchen, weil sie sich sonst schnell langweilen.

Fazit

Atlantik-Kanada ist eine wunderschöne Gegend mit zum Teil Bilderbuch-Naturlandschaften im wahrsten Sinne. Gerne hätte ich noch viel mehr von dem Land gesehen und kann mir auch gut vorstellen, dies eines Tages zu tun. Ich habe meine Auszeit dort sehr genossen und bereue es nicht, dort gewesen zu sein. Es waren schöne neue Eindrücke, die ich mitnehme, und ich habe viele nette Menschen aus aller Welt kennengelernt. Mein Englisch hat sich deutlich verbessert, und ich kann jedem nur ans Herz legen, mal aus seiner Komfortzone hinaus zu gehen und eine solche neue Erfahrung zu machen.

Ich war aber auch froh, als ich wieder zurückkam und weiß, dass mein Zuhause in Hamburg ist. Es sind zu viele Dinge, die mir hier am Herzen liegen, die ich nicht missen möchte: meine Freunde, mein Sport, Hamburg als Stadt und die Freizeitmöglichkeiten, die es mir bietet. Ich bin ein

Stadtmensch, durch und durch. Gerne fahre ich im Urlaub mal an einen ruhigen Ort, um ein wenig herunter zu kommen und zu entspannen. Aber es zieht mich immer wieder nach Hamburg zurück. Es ist sicher auch etwas anderes, wenn man mit Anfang 20 oder 30 in ein anderes Land geht, als mit Anfang 50. Zudem liegt mir die deutsche und da insbesondere die norddeutsche Mentalität einfach mehr als die kanadische, die dann doch der amerikanischen stark ähnelt, auch wenn es die Kanadier nicht gerne zugeben und sich davon stark abgrenzen wollen. Um ehrlich zu sein wäre ich nie auf die Idee gekommen, nach Kanada zu gehen, wenn ich nicht Daniel kennen und lieben gelernt hätte. Ich hatte schon immer hin und wieder in meinem Leben mit dem Gedanken gespielt, Deutschland zu verlassen, aber da schwebte mir stets ein Land in Südeuropa vor, weil ich die Wärme und die Mentalität dort sehr mag.

Aber wie geht es nun mit mir und Daniel weiter? Wird er nun seine Zelte in Kanada abbrechen und nach Deutschland kommen, oder wird auch er feststellen, dass ein solch großer Schritt für ihn nicht möglich ist? Während ich diese Zeilen schreibe, haben wir uns über ein halbes Jahr lang nicht mehr gesehen, und ich vermisse ihn sehr. Wir telefonieren jeden Tag per Video miteinander und wissen alles, was im Leben des anderen gerade passiert. Der Corona-Virus ist immer noch da, wenn sich die Lage zur Zeit auch ein wenig entspannt. Es ist geplant, dass Daniel zeitnah für einen Besuch nach Deutschland kommt, aber wie die ferne Zukunft aussieht, wissen weder er noch ich. Die Frage, ob es ein Happy-End zwischen mir und ihm gibt, kann ich daher nicht beantworten.

Ich weiß nur, dass mein Platz hier ist und ich wohl einmal so weit weg gehen musste, um festzustellen, dass es vor der eigenen Haustür am schönsten ist.

Nachtrag

10 Dinge, die ich an Kanada liebe:

1.Freundlichkeit

Ich habe selten einen Ort angetroffen, wo die Menschen so freundlich, höflich und zuvorkommend sind wie in Atlantikkanada. Sie lächeln, grüßen, und sie tun vor allem eins nicht, worin die Deutschen Weltmeister sind: Sie drängeln nicht. Als ich nach Hamburg zurückkehrte, musste ich mich erst einmal wieder an das raue Klima unter den Menschen und die missmutigen Gesichter gewöhnen.

2.Geduld/Ruhe

Damit kommen wir auch schon zum nächsten Punkt. Das Wort Ungeduld scheint hier nicht zu existieren. Die aufgrund von Corona bestehenden Warteschlangen vor den Supermärkten nehmen die Kanadier gelassen hin. Beim Bezahlen an der Kasse wird noch vom Personal eingepackt. Aber auch wenn man selbst einpackt, wird einem genug

Zeit hierfür gelassen. Es ist absolut keine Hektik spürbar.

3.Service

Wenn man in ein Restaurant in Kanada geht, kommt schon nach kurzer Zeit eine Bedienung und fragt nach den Getränkewünschen. Zudem erhält man immer ein Glas Leitungswasser (mit Eis) kostenlos serviert, und es wird auch nicht erwartet, dass man unbedingt noch etwas anderes zu trinken bestellt. Nachdem das Essen serviert wurde, kommt nach kurzer Zeit erneut die Bedienung und fragt, ob alles wunschgemäß ist. Wenn man aufgegessen hat, kommt sofort jemand und räumt die Teller ab und fragt, ob man noch etwas bestellen möchte. Service wird hier sehr groß geschrieben, während ich in Deutschland manchmal das Gefühl habe, ich muss mich noch dafür entschuldigen, dass ich als Kunde einen Wunsch habe.

4.Viel Gegend

Wer viel Natur und wenig Menschen mag, ist in Kanada sehr gut aufgehoben. Gerade während des aufgrund von Corona erfolgten shutdowns war es durchaus angenehm, an menschenleeren Stränden zu sitzen oder in Parkanlagen zu spazieren, wenn sie denn geöffnet waren.

5. Mehr Sonne

Gerade in den Wintermonaten scheint in Ost-Kanada deutlich öfter die Sonne als in Hamburg. Ich habe selten so einen klaren blauen Himmel gesehen, und habe es auch trotz der erheblich niedrigeren Temperaturen als nicht wirklich kalt empfunden. New Brunswick liegt geografisch gesehen auf der Höhe von Norditalien, also viel südlicher als Hamburg, Das merkt man vor allem an der Sonne, die viel mehr Kraft hat als in Norddeutschland. Ich habe das griesgrämige Grau über Hamburg wirklich nicht vermisst.

6. Positive Grundeinstellung

Die Kanadier sind grundsätzlich positiv eingestellt. Erst durch meinen Aufenthalt dort ist mir aufgefallen, wie negativ die Deutschen oft sind, und dabei gibt es nicht wirklich einen Grund dafür. Als Deutsche haben wir unglaublich viele Privilegien, vielleicht sogar die besten Lebensbedingungen überhaupt, und trotzdem sind wir diejenigen, die am meisten nörgeln.

7. Krankenversicherung

Jeder kanadische Staatsangehörige ist automatisch krankenversichert. Es ist vollkommen gleichgültig, ob man arbeitet, arbeitslos, Schüler oder Student ist. Damit ist zwar nur die Basisversorgung abgedeckt, d. h. Arzt- und Krankenhausbesuche, kein Zahnarzt und keine Medikamente, aber es ist meines Erachtens ein deutlich besseres System als hier.

8. Weniger Bürokratie

Damit komme ich auch schon zum nächsten Punkt. Ich glaube, es gibt wirklich kein Land, in dem man so schlimm mit Formalitäten kämpfen muss wie in Deutschland. Kanada ist da deutlich unkomplizierter und lockerer. Ich konnte als Touristin ein Bankkonto eröffnen, einen Handyvertrag abschließen und Mitglied im Fitnesstudio werden, ohne nach einem Ausweis gefragt zu werden. Das wäre in Deutschland undenkbar. Auch kann man diese Verträge jederzeit kurzfristig kündigen.

9. Gleichbehandlung

Die Gleichbehandlung in Kanada wird sehr groß geschrieben. Darum ist es dort ausdrücklich verboten, sich mit einem Foto auf einen Job zu bewerben, und man gibt auch nicht sein Geburtsdatum an. Keiner soll wegen seines Alters oder Aussehens bei einer Bewerbung bevor- oder benachteiligt werden. Es gibt auch keine Zurschaustellung von materiellen Gütern wie

Haus, Auto oder Kleidung. Niemand wird schief angesehen, weil er nicht passend gekleidet ist. Die Kanadier sind sehr tolerant.

10. Unkompliziertheit

Wenn man in Deutschland jemanden besuchen will, darf dies auf keinen Fall unangekündigt passieren. Meist wird Wochen im voraus ein Termin geplant, und die Wohnung oder das Haus muss picobello aussehen. Wir haben den Bürgermeister einer kleinen Stadt spontan besucht und wurden nicht abgewiesen. Es ist dort nicht wichtig, dass alles aufgeräumt und sauber ist, wenn Besuch kommt. Die Kanadier sind nicht so perfektioniert wie die Deutschen.

10 Dinge, die ich an Kanada nicht liebe:

1. Dauer des Winters

Den Winter in Kanada an sich finde ich sehr schön, weil im Durchschnitt viel öfter die Sonne scheint als hier in Hamburg. Auch die Minus-

Temperaturen machen mir nicht so viel aus, da es eine trockene Kälte ist. Ich könnte mit diesem Winter in den Monaten Dezember, Januar und Februar gut leben. Aber im März möchte ich erste Anzeichen vom Frühling sehen, und das ist in Kanada weit gefehlt. Der Winter fängt im November an und geht bis mindestens Ende April. Wer darüber nachdenkt, nach Kanada zu ziehen, muss sich also darüber bewusst sein, dass er ein halbes Jahr lang Winter haben wird, viel Schnee beseitigen und viele warme Kleidung haben muss.

2. Ohne Auto geht nichts

Als ich auf Kuba erzählte, dass ich kein Auto habe, haben mich die Kanadier angesehen wie ein Wesen vom anderen Stern. Sie konnten sich nicht vorstellen, dass ein Leben auch ohne fahrbaren Untersatz möglich ist. Und das ist es in Kanada auch nur schwer. Das gilt zumindest für alle Gebiete, die außerhalb einer großen Stadt liegen. In Halifax kann man durchaus ohne Auto zurecht kommen, aber sobald man etwas außerhalb der

Stadt lebt, wird es schwierig, wenn man sich nur auf öffentliche Verkehrsmittel verlassen will, denn diese sind entweder gar nicht vorhanden oder fahren nur alle Jubeljahre. In Quispamsis gab es eine Bushaltestelle, aber ich habe nie einen Bus gesehen. Laut Fahrplan fährt er etwa zweimal am Tag in den frühen Morgenstunden nach Saint John und zweimal am Abend wieder zurück. Zudem ist die Haltestelle ziemlich weit entfernt von Daniels Haus, so dass man zumindest im Winter dort nicht zu Fuß hingehen kann. Außerdem fährt er dann im Zweifel aufgrund von Schneesturm oftmals gar nicht. Es führt kein Weg daran vorbei, ein eigenes Auto zu haben, wenn man in einem kanadischen Vorort lebt.

3. Soziale Kontakte

Mein Eindruck ist, dass die Kanadier nicht so viel Wert auf soziale Kontakte außerhalb der Familie legen. Sie sind auf ihren Job, Familie, Haus und Garten und ihre Haustiere konzentriert und leben ansonsten eher zurückgezogen. Ein geselliges

Beisammensein wie bei uns mit Freunden scheint eher selten zu sein. Das kann in größeren Städten in Kanada natürlich schon wieder ganz anders sein. Aber ich denke, selbst hier in Deutschland gibt es auf dem Land mehr gemeinschaftliche Aktivitäten, wie Dorffeste, Schützenvereine und ähnliches. Im Großen und Ganzen habe ich den Eindruck, dass die Deutschen geselliger sind und mehr feiern. Und wenn man sich trifft, dann offenbar nur pärchenweise. Für mich war das nicht einfach, denn ich bin ein Mensch, der nicht nur mit dem Lebenspartner zusammen sein kann. Ich brauche Freundinnen, mit denen ich mal alleine etwas unternehme, denn die Gespräche unter Frauen sind einfach anders.

4. Das Essen

Für mich als Vegetarierin, die zudem nicht gerne selbst kocht, ist das kanadische Essen eine mittelschwere Katastrophe. Hier muss ich allerdings erwähnen, dass es deutliche Unterschiede zwischen Stadt und Land gibt. In

Halifax und sogar auch in Saint John gibt es durchaus gute Restaurants, wo man etwas anderes als Pizza, Burger und Pommes bekommt. Das ist in Quispamsis jedoch schwierig.

Ein typisch kanadisches Gericht, was einem auch immer wieder stolz angepriesen wird, ist „Poutine". Das sind Pommes mit einer Sauce (normalerweise aus Fleisch gemacht, aber es gibt auch vegetarische Varianten) und Käse obendrauf. Ich glaube, ich muss dazu nichts mehr sagen. Es ist für mich unfassbar, dass man ein Gericht,das aus gefühlten tausenden Kalorien und null Nährstoffen besteht, als Nationalgericht bezeichnen kann.

Wenn man eine Sour-Creme im Supermarkt kauft, schmeckt sie einfach nach nichts. Ich weiß nicht, wie man das hinbekommen kann, aber es ist so.

Frisch gekochtes Gemüse oder einfach Salzkartoffeln bekommt man im Restaurant nicht, immer nur "French Fries", "Potatoe wedges" oder "Smashed Potatoes".

Und vom Brot müssen wir gar nicht erst reden. Ich weiß, das ist jetzt typisch deutsch, aber das gute Schwarzbrot war tatsächlich eines der ersten Dinge, die ich in Kanada vermisst habe. Man bekommt es einfach nicht. Es gibt dunkel gefärbtes Brot, und manchmal sind auch ein paar Körner drin, aber es ist von der Konsistenz her immer viel zu weich. Wer sich gesund und kalorienarm und noch dazu vegetarisch ernähren will, selbst aber nicht gerne kocht, hat in Atlantikkanada einen schweren Stand. Noch jetzt bin ich dabei, meine überflüssigen Pfunde, die ich dort zugelegt habe, wieder abzunehmen.

5. Preise für Lebensmittel und Alkohol

Jedes Mal, wenn wir einkaufen waren und an der Kasse standen, bekam ich einen kleinen Schock. Die Lebensmittelpreise sind wesentlich höher als hier, und über die Preise für Alkohol möchte ich gar nicht erst reden. Eine Flasche Wein bekommt man dort nicht unter 10 Euro. Nun werden einige meinen, ein guter Wein muss mindestens zehn

Euro kosten. Das mag ja sein, aber in Kanada ist es dann für den Preis noch nicht mal ein besonders guter Wein. Für einen solchen kann man dann locker 20 oder 30 Euro ausgeben, was für mein Budget definitiv zu viel ist. Und auch für ein Stück Käse möchte und kann ich nicht 10 Euro bezahlen. Dafür ist das Leben in Hamburg an sich schon viel zu teuer.

Auch die Preise im Restaurant sind deutlich höher als in Deutschland. Da kann man dann schon nur für ein Glas Wein locker mal 10 Euro zahlen.

6. Everything is fine!

Die Kanadier sind freundliche, höfliche Menschen, gar keine Frage. Aber müssen die Kassierer wirklich in jedem Geschäft die Standardfloskel „How are you?" loswerden, wenn es sie in Wahrheit doch gar nicht interessiert, wie es mehr geht? Ich habe keine Lust mit „fine" oder „great" zu antworten, obwohl es mir gerade nicht gut geht. Aber Letzteres will dort niemand hören. Es wird nicht gern über Negatives oder Probleme geredet, und zwar auch im engeren Familien- oder Freundeskreis nicht. Darüber wird lieber geschwiegen. Mir persönlich ist das zu oberflächlich, und ich habe das Bedürfnis, über das, was in mir vorgeht zu reden, und zwar unabhängig davon, ob es gut oder schlecht ist.

7. Arbeitsbedingungen

Wenn man in Kanada leben und arbeiten will, muss man sich darüber im Klaren sein, dass man, zumindest zu Beginn, nicht mehr als zwei Wochen Urlaub im Jahr bekommt. Das ist für mich, die ich gerne verreise, ein No-Go. Ich könnte also nur zweimal im Jahr für jeweils eine Woche überhaupt nach Deutschland reisen und meine Familie und Freunde besuchen.

Insgesamt wird nach meinem Eindruck dort deutlich mehr gearbeitet. Die Banken haben sogar am Samstag geöffnet, was meines Erachtens unnötig ist.

Außerdem ist es viel einfacher, einen Arbeitnehmer zu kündigen als in Deutschland, und zwar von heute auf morgen. Aufgrund der Corana-Krise werden selbst bei Irving 250 Mitarbeiter entlassen, und darunter sind durchaus Leute, die schon jahrelang für dieses Unternehmen arbeiten.

8. Klimaanlage

Die Kanadier lieben im Gegensatz zu mir Klimaanlagen. Wenn man im Sommer luftig bekleidet in Shorts und T- Shirt in einen Supermarkt geht, kann man sich leicht eine Erkältung einfangen. Es ist oftmals eiskalt in diesen Läden, und ich möchte dort beim besten Willen nicht arbeiten.

Auch in Restaurants habe ich so manches Mal sehr gefroren, und wenn ich die Bedienung gefragt habe, ob sie die Klimaanlage entweder ganz ausschalten oder zumindest ein wenig reduzieren könnten, erntete ich nur erstaunte Blicke und die Antwort, dass dies nicht möglich sei.

9. Fehlende Gemütlichkeit

Da sind wir auch schon beim nächsten Punkt. Gemütlich essen gehen wir hier in Deutschland, wird dort wohl für überbewertet gehalten. Sobald man aufgegessen hat, kommt die Bedienung, räumt die Teller ab und fragt, ob man noch etwas bestellen möchte. Wenn man dies verneint, wird die Rechnung gebracht, auch wenn man noch ein volles Weinglas vor sich stehen hat. Für mich hat sich das immer wie ein Rauswurf angefühlt, und ich habe oft gedacht, die wollen die Tische so schnell wie möglich wieder besetzen. Aber ich habe dies auch in Restaurants erlebt, in denen nicht viel los ist. Es hat wohl unter anderem mit dem Service-Gedanken zu tun, und viele Kanadier wollen in der Tat nach dem Essen sofort wieder aufbrechen. Sie sind in der Regel mit dem Auto unterwegs und können daher keinen Alkohol trinken. Ihren Wein oder ihr Bier wollen sie zu Hause genießen. In manchen Restaurants wird nicht einmal Alkohol angeboten, da die Besitzer nicht die Lizenz hierfür haben. Nun ist es keinesfalls so, dass ich unbedingt immer einen Wein zum essen trinken muss, aber ich habe gerne die Wahl, und es geht einfach um die Gemütlichkeit, die ich dort in den Restaurants vermisse. Essen gehen in Kanada ist also ein ganz anderes Essen gehen als in Deutschland. Es dient in erster Linie tatsächlich der Nahrungsaufnahme und nicht einem geselligen Beisammensein.

10. Portionen beim Essen

Wenn man in Kanada ein kleines Eis bestellt, ist das nach deutschen Vorstellungen eine große Portion. Und auch, wenn man im Restaurant ein Essen bestellt, bekommt man oftmals viel zu viel auf den Teller, was natürlich auch dazu verführt, es auf zu essen. Kein Wunder also, dass die Kanadier im Durchschnitt deutlich mehr auf die Waage bringen als die Deutschen. Dazu kommt natürlich noch der Lebensstil, sich nur mit dem Auto fortzubewegen und wenig bis gar nicht zu Fuß zu gehen.

Danke!

Dieses Buch und meine Auszeit in Kanada wäre nicht möglich gewesen, wenn ich nicht einen ganz besonderen Menschen kennengelernt hätte. Ich danke dem Mann, für den ich dieses Abenteuer gewagt habe für unsere gemeinsame Zeit, seine Unterstützung und dafür, dass er mir ein zweites Zuhause in Kanada gegeben hat.

Ich danke außerdem den freundlichen und engagierten Mitarbeiterinnen von PRUDE und all den interessanten und liebenswerten Menschen, die ich durch meine Zeit bei PRUDE kennengelernt habe.

Weiterhin bin ich dankbar, einen so tollen Zumbakurs in Quispamsis gefunden zu haben und bedanke mich bei der Trainerin und der gesamten Gruppe, die mich ohne wenn und aber vom ersten Tag an integriert haben.

Mein weiterer Dank geht an die freundlichen Nachbarn und die Familie von Daniel und natürlich an Cu und Marty, die mich vom ersten Tag an als weiteres Familienmitglied akzeptiert haben.

Wenn man wochen- und monatelang an einem Buch schreibt, schwimmt man irgendwann in seiner eigenen Suppe und sieht den Wald vor lauter Bäumen nicht mehr, und so war es für mich sehr wichtig und wertvoll, ein kritisches Feedback von meinen Testlesern Thorsten und Silke zu erhalten. Dies hat mir sehr geholfen, das von mir Geschriebene noch einmal aus einer anderen Perspektive zu sehen und entsprechende Änderungen vorzunehmen, vielen Dank dafür!

Zu guter Letzt möchte ich mich bei meinem neuen Weggefährten bedanken. Hippie hat sich in meine Wohnung und in mein Herz geschlichen, kurz nachdem ich aus Kanada zurückgekehrt bin. Während ich dieses Buch schrieb, lag er oftmals auf dem Stuhl neben mir und gab mir das Gefühl, trotz des langen Lockdowns während der Pandemie nicht allein zu sein.

Über die Autorin

Ava Nitsche, geboren in Hamburg, Jahrgang 1967, studierte Jura und verschlingt Bücher, seit sie lesen kann. Schon als KInd schrieb sie kleine Geschichten und absolvierte später einen Fernkurs im kreativen Schreiben. Wenn sie nicht arbeitet, liest oder schreibt, tanzt sie für ihr Leben gerne und ist nebenberuflich Fitnesstrainerin.

Zeitfracht Medien GmbH
Ferdinand-Jühlke-Straße 7
99095 Erfurt, Deutschland
produktsicherheit@kolibri360.de